GASTON-ROUTIER

Le Napoléon de mes Rêves

Dédié à M. Aristide BRIAND
Président du Conseil des Ministres de la République Française

PARIS
ÉDITIONS DE "L'ÉPOQUE MODERNE"
9, rue Beudant, 9

1911

Le Napoléon
de mes Rêves

OUVRAGES DU MÊME AUTEUR

Lélio, poème en 2 actes et en vers, édition de luxe (3ᵉ mille).	3 fr. »
L'Amour de Marguerite, roman contemporain (huitième édition)	Épuisé.
Deux mois en Andalousie et à Madrid, édition de luxe avec gravures hors texte.	7 fr. 50
L'Histoire du Mexique, ouvrage précédé d'une lettre et du portrait de S. Exc. le Président de la République du Mexique (3ᵉ mille).	3 fr. 50
Le Mexique, avec préface de Ignacio Altamirano et une carte du Mexique (4ᵉ mille).	3 fr. »
Guillaume II à Londres et l'Union Franco-Russe (sixième édition)	3 fr. 50
La Question sociale et l'Opinion du Pays, enquête du Figaro (quatrième édition).	2 fr. 50
Les Droits de la France sur Madagascar, un fort volume in-18, broché (huitième édition).	3 fr. 50
Nos bons Maîtres-Chanteurs, comédie en 3 actes et en vers (huitième édition).	2 fr. »
L'Espagne en 1897, un fort volume in-18, broché, avec 7 gravures hors texte et 9 tableaux statistiques (neuvième édition)	2 fr. 50
Le Marquis de Tournoël, roman contemporain, un volume in-18 (seizième édition).	3 fr. 50
Grandeur et Décadence des Français, un fort volume in-18 de 390 pages (seizième édition)	3 fr. 50
L'Industrie et le Commerce de l'Espagne, in-8, avec 8 tableaux statistiques hors texte	5 fr. »
Le Droit d'Aimer, comédie en 3 actes, en prose, précédé d'une lettre de M. CLARETIE, Administrateur de la Comédie Française ; un volume in-18 cinquième édition).	2 fr. »
Le Congrès Hispano-Américain de Madrid, ses travaux, et ses résultats, un volume in-8 de 80 pages. . . .	3 fr.
Un point d'Histoire contemporaine. Le Voyage de l'Impératrice Frédéric à Paris en 1891. Notes et Documents. — Deux entrevues avec Liebknecht — Une visite à Bismarck — Un fort volume in-18 de 300 pages. . .	3 fr. 50
Le Congrès de la Paix à Monaco, in-8.	Épuisé.
Le Couronnement d'Alphonse XIII, roi d'Espagne. Un volume in-8 jésus (édition de luxe) avec 109 gravures.	7 fr. 50
Légendes de Mort et d'Amour (Souvenirs d'Aragon — Légendes d'Andalousie. — Croquis Madrilènes) Un fort volume de 340 pages, in-18 (douzième édition)	Épuisé.
La Question Macédonienne, un fort volume in-18 de 402 pages (sixième édition)	3 fr. 50
La Macédoine et les Puissances, un volume in-18 de 340 pages	Épuisé.
Le Roman de l'Espagne héroïque, un volume in-18 . . .	3 fr. »
1859-1909, préface de M Gustave Rivet, sénateur, un volume in-18 de 324 pages.	1 fr. 50
Le Capitaine Saint-Méry (1869-1870). Roman documentaire, un volume in-18 de 336 pages.	1 fr. 50

Envoi Franco contre Remboursement ou Mandat-Poste

Published the 15 january 1911. Privilege of Copyright in the United States reserved under the Act approved March 3 1905

GASTON-ROUTIER

Le Napoléon de mes Rêves

« *Tout ce que produit le corps meurt comme lui ; tout ce que produit l'esprit est impérissable comme l'esprit même. Toutes les idées ne sont pas encore engendrées ; mais quand elles naissent, c'est pour vivre sans fin et elles deviennent le trésor commun de la race humaine.* »

CHATEAUBRIAND.

PARIS
ÉDITIONS DE " L'ÉPOQUE MODERNE "
9, rue Beudant, 9

1911

AVIS AUX BIBLIOPHILES

Il a été fait de cet ouvrage un tirage à part de trente exemplaires sur papier de Hollande numérotés.

Tous droits de traduction et de reproduction expressément réservés par l'auteur pour tous les pays sans aucune exception

A MONSIEUR ARISTIDE BRIAND

Président du Conseil des Ministres, Paris

MONSIEUR LE PRÉSIDENT,

Socialiste à vos débuts, vous vous êtes révélé au pouvoir homme d'État averti et conscient de ses devoirs ; orateur éloquent, vous avez pris pour devise, comme président du Conseil, « la politique des réalisations ».

Qu'il me soit donc permis de vous dédier, avec l'espoir d'en être compris, ce livre inspiré par le plus pur amour de la patrie et de l'humanité.

GASTON-ROUTIER.

AVANT-PROPOS

Il y a beaucoup d'idées dans ce livre..., mais ce n'est pas sans une certaine appréhension que je le donne au public.

Sous le règne du Veau d'Or, dans notre siècle de puffisme, de réclame théâtrale et littéraire à tant la ligne, quel sera le sort de cette œuvre de bonne foi, de franche et sincère inspiration, qui soulève les plus grands problèmes de l'avenir de l'humanité et qui ne craint pas d'appliquer le fer rouge sur les plaies de la Société contemporaine ?

N'importe la malignité des pharisiens! N'importe la sottise des moutons de Panurge! Ce n'est pas pour eux que ce livre est écrit : c'est pour le lecteur impartial et sérieux, d'esprit serein et lucide, qui se préoccupe des grandes questions politiques, sociales et morales.

A celui-là je dirai simplement : tolle et lege, *prends et lis, lis avec attention et conscience. Ensuite je ne craindrai pas ton jugement, car, que tu le critiques, que tu le blâmes, que tu le censures ou que tu le loues, tu garderas toujours ton estime et la sympathie pour ce livre, qui est un livre de vérité et de justice.*

G. R.

PREMIERE PARTIE

Visions de Russie

CHAPITRE PREMIER

MOSCOU

Effet de neige. — La ville chinoise. — Trois villes concentriques. — Souvenirs du passé a côté du confort moderne. — Une enceinte deux fois plus grande que celle de Paris. — Capitale historique et Métropole religieuse. — Moscou est batie sur sept collines... comme Rome.

Moscou, mars 1910.

Une clarté pâle, très pâle, filtre à travers les rideaux de la fenêtre : je me lève, chausse mes pantoufles et vais les tirer.

Je mets à tâtons la main sur le cordon de tirage... Les rideaux de peluche gros vert s'écartent et les rideaux de guipure laissent passer une lumière blanche, trop blanche même : c'est le jour, un jour bizarre, semblable à celui qu'on aurait dans une salle exposée au soleil, mais derrière des vitres dépolies.

Je regarde l'heure : il est presque neuf heures du matin. J'écarte aussi les rideaux blancs. Ma chambre est au quatrième étage : je n'ai pas de voisin en face de moi. Je regarde le ciel : il est d'un blanc d'argent à certains endroits, de plomb à d'autres. Il nous couvre comme un linceul lumineux. C'est une voûte opaque, que les regards ne peuvent percer, une voûte de vapeurs blanches qui ne sont pas des nuages, qui ne sont pas du brouillard, mais qui forment un rideau impénétrable entre le soleil et nous. Je reprends ma comparaison précédente : on dirait d'une immense vitre dépolie et fort épaisse placée entre ciel et terre. On devine vaguement le soleil à certain endroit un peu plus éclairé que les autres, mais c'est à peine visible, car il fait grand jour, car la lumière est vive, très vive même, parfois aveuglante.

J'ai assez contemplé le ciel : mes regards redescendent sur la terre. Dans cet immense hôtel de Moscou, j'occupe cette chambre depuis hier soir : topographiquement, je ne me rends pas bien compte de l'endroit où elle est placée. J'ai pris l'ascenseur pour y monter, puis suivi des couloirs à droite et des couloirs à gauche... interminablement.

Le peu que je connais de Moscou et le spectacle que j'ai sous les yeux me permettent cependant de conjecturer que je ne suis point logé sur la façade, car ce n'est pas la *place des Théâtres* qui s'étend devant moi. Je dois habiter sur le côté ou le derrière de l'hôtel.

Devant ma fenêtre est un petit terre-plein et je domine, en face, les murailles crénelées, les toits aux tuiles rouges et vertes, les dômes étranges de la Ville chinoise : j'aperçois une porte voûtée, sorte de donjon crénelé ou de poterne mi-gothique mi-asiatique. Quelques marchands en plein vent ont ouvert leurs éventaires à côté : il y a des passants qui entrent et sortent. Est-ce une des portes de la Vieille-Ville ou un simple passage ? je ne le puis distinguer d'où je suis...

Mais la muraille crénelée, étrange, cette antique enceinte destinée à repousser les Mongols, se continue sous mes yeux, de droite à gauche : je contemple les toits coniques, pointus, renflés, de maisons à trois étages, parsemés de chapelles, d'églises, de couvents ; les croix brillent au sommet des édifices, sur les lances de ces toitures byzantines qui ont un semblant de parenté avec les clochetons chinois. Les murs des maisons sont de couleurs diverses, ou jaunâtres, ou rouges ou bleues, blanchis à la chaux quelquefois.

La grande enceinte est d'un blanc sale, d'un blanc qui paraît gris et sombre à côté de la neige resplendissante qui s'étend partout ; les tourelles sont peintes en rouge vif, la grande tour qui s'avance et forme la poterne crénelée, dont j'ai parlé plus haut, est peinte en vert criard.

Il est certain que, pour un européen, cela n'est pas banal : rien ne nous a préparé à ce spectacle, qui est bien le plus oriental qu'on puisse imaginer. La neige même, qui couvre tout de son manteau immaculé semble, comme par un contraste encore plu ssaisissant, ajouter quelque chose de chimérique et de fantastique à ce tableau d'une cité orientale. On aurait rêvé ce décor d'une ville des *Mille et une Nuits*, aux minarets et aux coupoles des mosquées étincelant sous les rayons d'un soleil de feu ; on n'aurait jamais pensé à l'effet que pouvait faire cette architecture asiatique sous les glaces et les frimas. Or, cet effet est à la fois décevant et extraordinaire, mais aussi puissant que captivant : on ressent devant cette enceinte antique de Moscou la Mongole une impression ineffaçable...

Il fait froid : le thermomètre extérieur indique 6 degrés sous zéro. C'est d'ailleurs un froid très anodin. J'arrive de Saint-Pétersbourg, où j'ai passé un mois, le mois de janvier (style russe) ; nous y avons eu de 15

à 20 degrés de froid certains jours. Je croyais trouver 25 degrés à Moscou, qui jouit d'un hiver encore plus rude que Pétersbourg... Il n'en est rien et je ne m'en p... pas car jusqu'à 10 degrés sous zéro le froid est a... e, mais au-dessous il est ennuyeux et, à partir de 20 c..., il devient dangereux.

En détournant les regards de la Ville chinoise, j'aperçois une grande rue où courent — glissent plutôt — des traîneaux rapides ; un tramway à trolley y passe même. Dans le fond, se dresse une statue...

Cette rue est bordée d'un côté, à ma droite, par quelques arbres dont les squelettes grelottent sous la glace, et par la muraille crénelée et ancestrale ; de l'autre, à ma gauche, par de hautes constructions modernes, neuves même, c'est-à-dire datant de quelques années au plus. Ce sont de belles maisons de six étages, en pierres et en briques, de style bâtard germano-français, avec de grandes boutiques. Ces maisons ont certainement ascenseur, chauffage central, électricité, téléphone... Qu'auraient dit les vassaux et esclaves de Dimitry Donskoï si on leur avait annoncé que l'enceinte crénelée qu'ils édifiaient, en 1365, ne serait plus au xxe siècle qu'un vestige, qu'une relique architecturale, dominée, écrasée même par les maisons modernes qui se dressseraient en face ?

La « Ville chinoise », avec son enceinte crénelée, ses tours, ses poternes, ses tourelles, avec son Kremlin, orgueilleux et superbe, qui se dresse, à son extrémité, comme une Acropole sacrée, sur une colline de quarante mètres d'élévation, baignée par la Moskova au cours rapide, formait à l'origine tout Moscou. Elle ne tarda cependant pas à s'entourer d'une autre ville concentrique, plus large et plus grande, qui s'appela la « Ville Blanche » ou *Bielygorod* : sur les remparts de cette ville courent maintenant de larges boulevards. Une troisième ville, la *Ville de terre*, l'entoura à son tour au XVIIe siècle, d'une ceinture de maisons et de rues ; les fortifications de cette dernière ville étaient en terre, elles furent rasées et remplacées par la *Sadovaïa* ou rue des Jardins, qui la sépare des faubourgs devenus maintenant des quartiers magnifiques.

Moscou est devenue une ville immense, d'environ 80 kilomètres de circonférence (l'enceinte de Paris n'a que 35 kilomètres) et qui tend à se développer. Elle est entourée de remparts, démolis en partie, appelés *Kammer-Kollejsky* et élevés en 1742 : il y a 18 portes dans cette enceinte, qui est débordée par la ville sur plusieurs points.

***

Moscou est bâtie sur sept collines, comme Rome, sur les deux rives de la Moskowa et de l'Iaouza. La Moskowa n'est pas un grand fleuve, mais une belle rivière navigable, sous-affluent, par l'Oka, de l'immense Volga, le plus grand fleuve de l'Europe. La Moskowa fait des méandres en traversant Moscou et, dans un avenir prochain, la capitale traditionnelle de la Russie aura certainement peuplé et construit les trois boucles de cette rivière.

Située au centre d'une plaine des plus fertiles et des mieux arrosées, au cœur de la Russie proprement dite, Moscou était admirablement placée pour être la capitale de ce grand empire... et Saint-Pétersbourg ne la détrônera ni dans l'histoire ni dans le cœur des

Russes, où elle restera toujours la Ville Sainte et la Métropole par excellence.

Sept collines... comme la Rome des Césars et des Papes ! Sept collines comme la Ville Éternelle des Catholiques ! Est-ce bien vrai ? N'y a-t-il pas là une affirmation légèrement fantaisiste ? N'est-ce pas une flatterie de l'amour-propre national des Russes ?

Pour ma part, depuis lors, j'ai beaucoup parcouru Moscou dans tous les sens : j'ai vu des montées, des descentes, des rues pittoresques et des places immenses, je n'ai pas vu les sept collines, je ne les ai pas comptées.

Je croirai donc les Russes sur parole : Moscou a sept collines, mais ce sont sept collines avec de la bonne volonté. Pour être tout à fait exact, il faudrait appeler ces collines des élévations de terrain, des renflements de terrain, si l'on préfère. Moscou est à 160 mètres d'altitude et le Kremlin, qui domine tout Moscou, est construit sur une colline ou élévation qui a quarante mètres à son maximum au-dessus du lit de la Moskowa. Les autres collines ne doivent donc avoir que des élévations de 10 à 12 mètres, peut-être 15 au plus ! Quant au Mont des Moineaux, il est hors de la ville !

Mais ce n'est pas le lieu de discuter sur ce sujet ! Un voyageur ne doit rester dans son hôtel que pour dormir ou aux heures des repas ; il n'a pas le droit de perdre un temps précieux à rêvasser dans sa chambre. Faire sa toilette, s'habiller, déjeuner frugalement et se mettre aussitôt en campagne pour visiter la ville, voilà ce que j'ai toujours eu pour principe et pour règle de conduite dans mes nombreux voyages.

Je n'aurais eu garde de faillir à cette coutume si recommandable, lors de mon séjour à Moscou.

CHAPITRE II

LA MÉGALOMANIE

« L'AMPLE NATURE » DES RUSSES. — L'ART EST CE QUI MANQUE LE PLUS. — DISCUSSION AVEC UN « IZVOCHTCHIK ». — PAS DE TARIF POUR LES TRAINEAUX OU VOITURES. — LA DOUMA OU HÔTEL DE VILLE. — LA CHAPELLE D'IVERSKY. — DÉVOTION DES MOSCOVITES POUR LA VIERGE D'IBÉRIE.

Devant l'hôtel s'étend une place immense, la *place des Théâtres*, qui a 380 mètres de long sur 170 de large. Au milieu se dresse un petit monument qu'on aperçoit à peine. Je descends les degrés du vestibule, je franchit la double porte vitrée que des portiers galonnés ouvrens en saluant cérémonieusement. Me voici sur le trottoir, dans la neige... Devant moi s'étend une nappe de neige où des sillons sales indiquent seuls le passage des traîneaux.

Je voudrais bien ne pas employer toujours les épithètes d'*immense*, d'*énorme*, de *gigantesque*... mais comment faire? Tout est grand à Moscou, tout a des proportions si vastes, si larges, si étendues, qu'il est impossible de ne pas en être frappé tout d'abord. On dit volontiers que l'Allemagne est le pays du *colossal* : ce me paraît une erreur quand je contemple les places de Moscou, les monuments de cette ville.

Certes, le goût du grandiose, la mégalomanie, est évidemment une qualité ou un défaut qui est commun à plusieurs peuples. Mais il est des degrés dans l'art de faire grand ou, pour mieux dire, il est des exagérations qui nuisent parfois à cet art même.

Les Russes avouent qu'ils ont une « ample nature » à laquelle ils doivent leurs qualités et leurs défauts : ils sont bien plus orientaux sous ce rapport que parents des Grecs ou des Latins. Ils voient grand, très grand ; ils veulent l'effet, un effet extraordinaire, imposant. Ils y réussissent souvent, presque toujours. A Byzance aussi on voyait grand, on faisait immense ; et Byzance est sans doute l'idéal des Russes. Il semble aussi que les souvenirs de Ninive et de Babylone les hantent...

Mais, ni à Pétersbourg, ni à Moscou, en dehors des places, des rues ou boulevards, qui sont aussi grands qu'on peut les imaginer, je n'ai vu d'aussi grandioses constructions qu'à Budapest, de si majestueuses qu'à Vienne, de si énormes qu'à Berlin, de si belles qu'à Paris ou à Rome.

Faire grand, faire immense, c'est un sentiment louable; mais il faut de la mesure, il faut de l'Art : il n'y a pas d'art architectural russe, ou plutôt c'est encore un art hybride et dans l'enfance.

On ne fera jamais plus grand que les Romains : voyez le Colysée, voyez Saint-Pierre de Rome, la colonnade du Bernin ; mais pourquoi citer d'autres merveilles de l'Art? Est-ce que l'Art, par lui-même, lorsqu'il est vraiment digne de ce beau nom, ne donne pas toujours l'impression du grandiose et de l'infini, quelles que soient les proportions du monument ou de l'œuvre que nous admirons? Rien n'est plus grandiose que le Parthénon et rien n'est plus *colossal* que l'Acropole d'Athènes tout entière ; ce n'est pourtant pas bien grand, ce n'est pas immense, mais c'est si proportionné, si beau, si bien adapté au décor lumineux et poétique !

Je demande pardon de cette digression, qui n'a pas la vaine prétention de faire étalage d'érudition : c'est une simple observation qui me vient tout naturellement à l'esprit en parlant de la Russie. Je connais toute l'Europe et un peu de l'Asie et de l'Afrique ; j'ai étudié sur place tous ces monuments du passé et du présent ; je les aime avec passion, il m'est impossible de ne pas y penser quand je vois de belles choses... Et Moscou est une des plus belles choses qu'on peut voir en Europe, je m'empresse de le dire.

Cette place, couverte de neige, m'aveugle : au fond, je distingue le *Grand Théâtre Impérial d'opéra*, qui a fort bon air avec son portique de colonnes ioniennes et le fronton que surmonte le quadrige du char du soleil que conduit Phébus. Mais voyez les inconvénients des places trop grandes : du coin de la place où je suis, la colonnade paraît basse, le quadrige petit et le théâtre gagnerait à être surhaussé de trois mètres sur des degrés. Portique et quadrige sont de dimensions énormes cependant, et le théâtre, qui est superbe à l'intérieur, est un des plus grands du monde, puisqu'il peut contenir 4.000 spectateurs.

Mais il y a déjà des promeneurs qui apparaissent sur la neige comme de petites taches noires ; des traîneaux glissent rapides et silencieux, les tramways font le tour de la place ; les domestiques, les fournisseurs, les employés se hâtent, à cette heure relativement matinale, de courir à leurs occupations.

Il ne faut pas songer pour moi à aller à pied. Malgré mes lourdes bottes de feutre et de caoutchouc, il serait désagréable de piétiner dans cette neige de 25 à 30 centimètres : sur la chaussée, là où les pieds des passants l'ont tassée, elle est gelée et on glisse ; là où les traîneaux ont passé, il y a de petites ornières où l'on bute. En outre, à Moscou, les distances sont si grandes qu'à marcher dans la neige il serait bien difficile d'aller oin et bien fatigant de visiter la ville.

L'aimable compagnon qui veut bien me servir d'interprète n'a pas de peine à me convaincre de cette vérité. Nous appelons un *izvochtchik* d'aspect convenable avec un bon cheval alezan ; nous n'avons que l'embarras du choix, car il y en a au moins quarante devant l'hôtel, rangés en bon ordre et qui attendent le client. Mais il faut marchander, car ici comme à Pétersbourg il n'y a pas de tarif pour les voitures et c'est au client à faire le prix avec le cocher s'il ne veut pas être exploité... comme un Anglais ! Dans tous les pays du monde, c'est toujours *l'Anglais* qui sert à désigner par les indigènes le voyageur complaisant et riche qui paie trop largement et trop facilement.

Mon compagnon parle russe, et le cocher, un gros vieux à barbe grise, engoncé dans son *caftan* rembourré de drap jadis noir-bleu et maintenant passé, avec son bonnet de fourrure enfoncé sur la tête jusqu'aux sourcils et jusqu'aux oreilles, comprend bien vite que nous ne sommes pas des Anglais. Néanmoins, il demande 80 kopecks pour aller au Kremlin, qui est tout près : mon ami offre 25 kopecks ; petite discussion où le cocher est traité d'idiot et de « dourak »)imbécile), et enfin on tombe d'accord pour 35 kopecks (environ un franc). L'*izvochtchik* devient subitement gracieux, relève la couverture fourrée qui couvre le

traîneau et nous fait signe de monter avec un
« pachol » très aimable. « Pachol » veut dire « s'il
vous plaît, je vous en prie. »

Nous glissons très vite ; il n'y a pas de vent à Moscou
et le froid n'est pas insupportable comme à Saint-
Pétersbourg. Malgré la rapidité de la course, on respire
très aisément et l'air, quoique glacé, ne vous oppresse pas.

Notre traîneau, en deux minutes, a traversé la longue
place Voskressenskaia, qui semble la continuation de
la place des théâtres ; nous avons longé la vieille
muraille de la Ville chinoise qui est séparée de la place
par une bande de terre, avec une petite clôture en fils
de fer ; là, des squelettes d'arbres se dressent tous les
deux ou trois mètres et brandissent leurs branches
glacées sur un monticule de neige qui, en été, doit faire
place à un beau gazon. Devant la barrière en fil de fer
jouent quelques gamins qui semblent se moquer du
froid et profiter d'une température qui est relativement
douce pour fabriquer des boules de neige et se les jeter
à la face. Ils ne sont pas seuls, d'ailleurs, les enfants,
à mettre de la gaieté le long de ce vieux mur : les oiseaux
sont là nombreux, nichés sans doute dans les créneaux
ou dans les tourelles. Ils pépient, ils voltigent, ils font
un vacarme très réjouissant.

Derrière la muraille sévère et sombre, des couvents et
des églises dressent leurs dômes dorés, leurs coupoles
vertes ou jaunes renflées et pansues, leurs clochers
aigus et leurs tours à plusieurs étages qui semblent des
minarets surmontés de la Croix...

Mais nous n'avons pas le temps d'admirer cet étrange
spectacle ; nous passons devant la *Douma* ou palais de
la municipalité de Moscou. Cet Hôtel de Ville, qui
s'adosse à la muraille et s'avance sur la place Voskres-
senskaïa, est une grande construction en briques sans

style bien défini, avec un large perron recouvert, auquel les voitures ont accès de droite et de gauche par une pente douce.

Nous voici maintenant devant les portes d'*Iversky*, surmontées de leurs tours aux toits extrêmement pointus au sommet desquels brillent des aigles à deux têtes avec la couronne des Tsars.

Entre les deux portes et en saillie s'élève une petite chapelle autour de laquelle il y a toujours des visiteurs qui entrent et qui sortent.

Notre *izvochtchik* arrête naturellement son traîneau devant cette chapelle avant de s'engager sous la porte de droite et fait le signe de la croix. Mon ami m'invite à descendre et à visiter cette chapelle, dite de la Vierge d'Ibérie, qui est une des plus curieuses de Russie et des plus célèbres. Il est d'un usage constant que les Tsars y viennent saluer l'image miraculeuse de la Vierge toutes les fois qu'ils arrivent à Moscou et avant d'entrer au Kremlin.

Les Russes ont une vénération, disons le mot, une adoration toute païenne pour les images : leur foi chrétienne est sincère et naïve, mais ils sont dignes des Andalous ou des Siciliens pour leur culte des choses extérieures et des images ou statues. L'icone est la base fondamentale de la religion du peuple russe : les statues sont moins vénérées, parce qu'il y en a peu. Les Andalous et les Siciliens, par contre, vénèrent davantage les statues parce que l'Art en a doté libéralement leurs pays privilégiés de soleil et de poésie.

Mais le Russe, privé de statues à l'origine, aime passionnément les Images (Icones) et, qu'elles soient peintes, lithographiées, sculptées sur panneau de bois ou de cuivre, il se signe dès qu'il les voit... par habitude ancestrale.

Cette vierge d'Ibérie, au teint brun olivâtre, ressemble à la Vierge de Kazan, à toutes les vierges dont les icones sont l'objet du culte des fidèles dans les églises russes : c'est une curieuse image, œuvre d'un artiste primitif grec ou byzantin, comme le sont toutes les vieilles icones (et, de nos jours, elles ne sont plus que des copies des anciennes). Cette vierge est couverte d'or, de pierreries, de perles vraies qui font comme un turban sur sa tête et qui descendent sur ses épaules : une couronne d'énormes brillants sur son front, des rubis et des émeraudes, des turquoises, des opales, des saphirs enchâssés dans l'or qui recouvre tout le tableau et qui ne laisse apercevoir de la peinture que la figure et les mains.

Dans la chapelle toute petite un grand porte-cierges tient tout le milieu ; quelques bougies, parmi une centaine de cierges y brûlent, incessamment renouvelées par des mains pieuses ; l'iconostase resplendit de lumières et on se presse, on se bouscule pour approcher la fameuse icone et la baiser dévotement. Derrière l'iconostase on entend des prêtres qui chantent. Mais c'est si petit, dans ce réduit aux parois de marbre et d'or, il fait si chaud, on est si pressé, et surtout une telle odeur des pieds des moujiks me suffoque, que je n'ai qu'une pensée : sortir. Or, la sortie est plus difficile que l'entrée, car les dévotes et les dévots arrivés à se faufiler dans cette enceinte sacrée s'y trouvent si bien qu'ils ne veulent plus en bouger... Il faut d'héroïques efforts pour vaincre la force d'inertie des uns et l'état d'extase cataleptique des autres. Que la Vierge d'Ibérie me bénisse ! J'ai salué son icone miraculeuse et prié en elle notre Mère à tous ; mais il a fallu certainement son intercession toute-puissante pour que je sorte sans évanouissement ou sans asphyxie de son sanctuaire !

CHAPITRE III

LE KREMLIN

LA PLACE ROUGE. — LA CATHÉDRALE DE SAINT-VASILI.
— PREMIÈRES IMPRESSIONS. — LA PORTE SPASSKY.
— MANQUE DE PROPORTIONS. — UNE COUTUME QUI
DATE DE 1685. — L'ENTRÉE DU KREMLIN. — LE
MONUMENT D'ALEXANDRE II, LE TZAR LIBÉRATEUR.

Notre traîneau débouche de la porte d'Iversky sur la place Rouge (en russe, *Krasnaia*). Cette fois ce n'est plus une place; cette immense nappe de neige me semble une steppe, la steppe russe elle-même. Elle a 900 mètres de long sur 200 de large. Elle monte et descend, remonte comme une montagne aussi : au centre, un monument se perd dans un désert de neige ; plus loin, une sorte de calvaire, qui semble une tribune entourée d'une balustrade en pierre, se dresse comme un kiosque à musique sans toiture, c'est le *Lobnoié Miesto*, endroit consacré par la tradition. C'est là que les Tsars font lire au peuple leur proclamation solennelle et les Oukases importants : on y fait aussi des processions, on y tient des réunions publiques en plein vent.

Ce monument hétéroclite, qui ferme à demi la place Krasnaïa, au sud, au delà du *Lobnoié Miesto* c'est la cathédrale de Saint-Vas'li ou église de la Protection et de l'Intercession de la Vierge. J'en reparlerai plus tard, mais je dois mentionner le cri de surprise que m'arracha la vue de ces clochers et dômes de toutes couleurs en formes d'ananas ou d'oignons : c'est une débauche d'ornementation et de fantaisie architecturale.

.*.

A partir de là, le regard plonge dans une descente rapide qui mène à la Moskowa : je ne jette d'ailleurs qu'un rapide coup d'œil de ce côté, car mon attention est tout entière accaparée par la haute et sombre muraille crénelée du Kremlin, qui borde tout le côté ouest de la place Rouge.

Le Kremlin ! Ce nom seul n'évoque-t-il pas à votre esprit tout un monde de pensées, tout une foule de souvenirs ! Que de gloire pour nous, mais que de tristesse et que de regrets !

Pour mieux considérer cette enceinte sacrée des Russes, berceau de leur puissance, sanctuaire de leur foi, demeure de leurs Tsars, forteresse et palladium de leur race, j'ai fait arrêter le traîneau au milieu de la place Rouge... et je regarde de tous mes yeux et de toute mon âme ! Est-ce ainsi que je me figurais le Kremlin ?

Pourquoi ne pas le dire ? j'ai éprouvé une certaine désillusion devant cette antique enceinte très élevée, très sombre, aux créneaux d'aspect rébarbatif, aux tours énormes, à plusieurs étages en retrait, surmontées de toitures bizarres, pointues et quadrangulaires, en flèches ou hexagonales, de style incertain où un faux Gothique se mêle à du Byzantin, à de l'Arabe, à du Lombard...

Cette porte Spassky ou du Seigneur, qui est la plus grande de toutes, la porte sacrée par excellence, avec sa poterne crénelée qui avance sur l'ancien fossé comblé sa tour à quatre ou cinq étages, n'est-elle pas déparée par d'énormes cadrans d'horloge ajoutés au XVIIIe siècle et qui, sur les quatre faces, marquent l'heure avec des aiguilles géantes?...

Le fossé comblé qui courait le long des murs a été planté d'arbres dont les squelettes semblent des ombres grimaçantes sur la blancheur éclatante de la neige ; deux petites chapelles sont accolées à la poterne et la clé de voûte est surmontée d'une icone dans une niche.

**

Pourquoi suis-je désillusionné? Ce Kremlin, même extérieurement, est bien une chose énorme... et pourtant les châteaux-forts de France ou d'Espagne ou d'Allemagne nous font une impression bien plus grande. Derrière cette enceinte, j'aperçois des coupoles dorées, des dômes renflés aux couleurs criardes, des tours qui semblent des minarets qu'on aurait coiffés d'or et de la croix, des clochers pointus, des aigles couronnées et bicéphales qui brandissent dans la ouate grise du ciel leurs ailes et leurs serres qui portent le globe terrestre et le sceptre impérial. C'est grand, c'est grandiose... Mais on a toujours une déception quand on voit les choses dont on a rêvé longtemps !

Il y a aussi une raison qui explique de manière absolue pourquoi le Kremlin produit un effet extraordinaire, mais incomplet malgré tout : c'est *que le Kremlin manque de proportions*. Dans cet assemblage de monuments disparates, derrière des murailles plus arabes que gothiques, il n'y a jamais eu aucun souci de la proportion, de la mesure, de l'Art en un mot.

⁂

« Au-dessus de Moscou, dit un proverbe russe, il n'y a que le Kremlin ; au-dessus du Kremlin, il n'y a que le ciel. » C'est naïf, c'est le cri de l'admiration et de l'amour du populaire : tous les peuples ont de ces proverbes, car tous les pays sont chers à leurs habitants. Il ne serait pas difficile de citer nombre de dictons de ce genre. Mais il serait bien moins aisé de trouver un peuple plus sincèrement respectueux des monuments de son passé, plus dévot de ses traditions historiques, plus fidèle à ses coutumes religieuses et sociales que le peuple russe.

En voulez-vous un exemple? Au-dessus de l'entrée de la porte Spassky, il y a une Icone, je l'ai déjà dit : une lampe informe, et qui doit dater de loin, est suspendue à une forte chaîne devant la niche et éclaire cette « Image du Sauveur », qui a été apportée de Smolensk en 1685 par Alexis Mikhailovitch. Le Tsar a fait de cette Image le Palladium du Kremlin, il a placé le Kremlin, Moscou, la Russie tout entière sous la protection de la sainte Image et il a ordonné que personne ne passerait sous cette porte sans se découvrir. Or personne ne songe à désobéir à cet ordre qui date de plusieurs siècles : c'est devenu une coutume que de se découvrir en passant sous la porte Spassky et les Russes, pour la plupart, s'inclinent devant la sainte Icone et font le signe de la Croix...

Les cochers des traîneaux enlèvent leur bonnet de fourrures, malgré le froid, et marmottent une prière en ralentissant l'allure de leur cheval sous la voûte : les étrangers qui restent couverts sont le point de mire des regards indignés de tous et s'exposent à s'entendre dire des injures, comme de vils mécréants !

∗

Notre traîneau a franchi, à une allure modérée, la longue voûte de la porte Spassky ; nous voici dans l'enceinte du Kremlin, sur une vaste esplanade couverte de neige où un large sillon sale indique la route des traîneaux.

A notre droite, se dressent des constructions anciennes, mais insignifiantes; ce sont les façades des couvents *Voznessensky* et du palais Nicolas ; par derrière on aperçoit les dômes et clochers des églises qui s'élèvent au centre des cours intérieures.

Mais nos regards sont attirés aussitôt par le spectacle qui s'offre devant nous et à notre gauche.

L'esplanade où nous sommes s'appelle la place du Tsar et elle est continuée sans interruption ni démarcation visible par la place de la Parade : elle descend insensiblement jusqu'à un petit mur de soutènement après lequel commence un talus couvert lui aussi de neige en ce moment, mais qui doit être gazonné et planté d'arbustes en été. Sur ce talus qui descend vers la muraille d'enceinte se dresse une petite église, dite de Saint-Constantin, puis au centre, en contre-haut, le monument d'Alexandre II, élevé pour la glorification de la mémoire du Tzar *Libérateur des serfs*, le mieux intentionné, le meilleur et certainement le moins heureux et le plus incompris des souverains russes.

Ce monument se compose d'une statue colossale de 6^m50 en bronze, représentant Alexandre II avec le grand manteau impérial et dans une attitude majestueuse, la face tournée vers le palais de Nicolas II Cette statue est érigée sur un piédestal de 4 mètres en marbre, placé lui-même sur un socle de plus de 2 mètres de hauteur auquel on accède par des degrés : quatre piliers de marbre, simulant des colonnes accouplées, supportent une sorte de dais en marbre surmonté d'un toit quadrangulaire, pointu, tout couvert d'arabesques dorées, sur lequel plane une gigantesque aigle à deux têtes avec la couronne impériale.

Ce monument doit atteindre environ trente mètres de hauteur. Il est entouré sur trois côtés d'une galerie couverte, aux ailes flanquées de toits pointus qui encadrent le dais central : cette galerie de marbre précieux est pavée d'une mosaïque fort belle et la voûte offre aux regards les médaillons en mosaïque de tous les princes et tzars de Russie.

On jouit de cette galerie, où j'ai passé par la suite des instants bien agréables, d'une vue admirable sur Moscou, sur la Moskova et les remparts du Kremlin que l'on domine de ce côté.

C'est, du reste, un lieu de promenade des plus fréquentés par les habitants de Moscou, surtout pendant la belle saison.

CHAPITRE IV

LE VATICAN DES RUSSES

La cloche de bronze. — La tour d'Ivan Véliky. — La cathédrale de l'Assomption. — La cathédrale des Archanges. — L'antique sanctuaire du Sauveur dans la forêt. — Un Iconostase qui semble le seuil d'un Mirhab.

Mais la grosse cloche de bronze, qui est devant nous, nous attire, et la tour si caractéristique d'Ivan Véliky, tous ces dômes dorés et verts et rouges et jaunes qui s'élèvent du vieux Kremlin comme des fleurs de pierres et de métal, excitent au plus haut degré notre curiosité.

Disons-le de suite : en approchant de cette partie antique du Kremlin, une réelle émotion s'empare de nous. Ici le spectacle est unique au monde.

Ces cathédrales qui forment un demi-cercle devant le vieux palais du Kremlin, dont l'escalier Rouge aboutit sur cette place, ne représentent pas seulement un assemblage étrange de dômes, de clochers, de porches et portails d'un style architectural fantastique, où l'influence orientale s'allie au Lombard et au Byzantin de la manière la plus naïve et la plus compliquée à la fois ; elles renferment et synthétisent aussi toute la tradition russe, toute son histoire, elles résument son passé, elles symbolisent sa gloire.

Près du palais vénérable d'Ivan III, de l'antique *Térem*, dont le Belvédère domine tout l'ensemble des palais du Kremlin, ce *Térem* de Michel Feodorovitch, les cathédrales, construites par les premiers Tzars, affirment l'union intime du pouvoir temporel et spirituel ; elles font du Kremlin un Vatican impérial, de Moscou une capitale et aussi une métropole sacrée...

Malgré le froid extrême, malgré la couche épaisse de neige qui recouvre le sol, il y a du monde dans toutes les églises, on dit la messe partout... ce sont surtout des femmes, emmitouflées et enfouies dans des pelisses et des châles noirs, des femmes de condition plus que moyenne, presque pauvre, mais il y a aussi des hommes de tous les âges, de toutes les classes sociales, des fonctionnaires aux uniformes râpés, quelques soldats en petite tenue, des bourgeois, des gros commerçants aux bonnets d'astrakan ou de castor, des Tartares et des Tscherkesses aux costumes de fourrures, des moujiks à longue barbe ou rasés, aux caftans rapiécés, sordides, aux innommables chaussures...

J'ai voulu visiter les cathédrales.

La cathédrale de l'Assomption, où sont couronnés les Tzars et enterrés les patriarches russes, est une des plus grandes : elle est carrée, avec des voûtes élevées soutenues par quatre énormes piliers massifs ; mais il y fait sombre, car les fenêtres sont très hautes, très étroites, et les cierges seuls font briller dans la pénombre les ors des fresques, des Icones, dont murs et piliers sont revêtus. L'iconostase est très riche, mais je ne peux en approcher et les fidèles sont si nombreux, si serrés, qu'il est impossible de bouger dans cette église. Les chants, très graves, très profonds de la basse qui officie et les répons du chœur, ont une harmonie, une ampleur qui charment et qui effarouchent en même temps.

C'est un Dieu de douleurs et de batailles, un Dieu d'extermination, de vengeance et de sang, qu'on doit prier dans cette Basilique obscure, où les grandes images des saints, éclairées par intermittences par les lueurs des cierges, semblent s'agiter sur les murs, paraître, lancer des éclairs dorés, s'effacer, s'enfoncer dans le noir, revenir, planer sur cette foule de dévots...

Et les Russes des deux sexes s'entassent, s'agenouillent, frappent le sol de leurs têtes, rivalisent de coups de coude et d'efforts pour aller baiser le front, les mains, le cœur, les pieds des Icones placées sous des vitres sur de lourds chevalets semblables à des lutrins.

Mais quelle odeur *sui generis*! Les nuages d'encens, qui montent de l'autel et dont on voit les volutes se dessiner devant les prêtres aux surplis, aux étoles dorées et brodées, mon mouchoir que j'applique sous mes narines, rien ne m'empêche d'avoir des nausées! Il faut sortir, sortir vite! Ce n'est pas l'odeur du cuir de Russie, c'est l'odeur des pieds et des sueurs des moujiks qui est capable de tourner le cœur aux plus aguerris. Et j'avoue que je ne suis pas aguerri du tout!...

Plein de constance et d'énergie, je suis allé visiter la cathédrale des Archanges ; j'ai franchi le vestibule, j'ai fait le tour avec peine de cette église, où sont ensevelis les tzars de la dynastie de Rurik et les Romanoff, prédécesseurs de Pierre le Grand, ainsi que les frères du fondateur de Saint-Pétersbourg. Cette église est moins sombre, les piliers sont plus élégants, l'ensemble plus gracieux que celui de la précédente cathédrale.

Mais la plus originale de toutes les églises du Kremlin, c'est la *cathédrale de l'Annonciation* ou *Blagovichtchensky*, très habilement restaurée et où l'église se trouve au premier étage : son escalier couvert, sa galerie claustrale, ses chapelles latérales lui donnent un aspect encore plus étrange que le reste.

Ne croyez pas que les dimensions de ces cathédrales répondent à leurs titres : nous sommes loin, ici, des proportions des cathédrales catholiques, voire même des cathédrales orthodoxes construites depuis le xixe siècle en Russie. La cathédrale de l'Assomption elle-même est loin d'être immense : les autres sont plutôt petites On sent qu'elles étaient construites pour contenir une élite seulement, les souverains, les ministres, la Cour... En outre, l'habitude de séparer l'église en deux par l'iconostase, derrière lequel sont placés le maître-autel et les deux autels latéraux, enlève une grande partie du terrain ; il est vrai que les chœurs, les officiants, les évêques et prélats se tiennent dans cette partie réservée.

Je ne voudrais pas ne parler que de chapelles et d'églises, mais il faut avouer que le Kremlin en est rempli. Dans la tour d'Ivan Veliky il y a deux églises ; dans le vieux palais du Kremlin il y a la chapelle réservée des tzars et l'église du *Terem ;* dans la grande cour du nouveau palais, qui a été greffé sur l'ancien et qui l'enserre et le cache comme une sorte de gangue, il y a une église qui est des plus curieuses, qui est la plus vieille de toutes. Ses coupoles, ses dômes ne dépassent pas le second étage du nouveau palais et on ne les aperçoit pas du dehors.

C'est l'antique église *Spass na Borou* ou du Sauveur dans la forêt. Elle fut construite en cet endroit, au centre d'une épaisse forêt qui couvrait toute la colline où fut édifié ensuite le Kremlin, ce berceau et ce réduit de la nation russe.

En 1330, Ivan Danilovitch fit démolir l'église primitive, qui était en bois, et la fit reconstruire en pierres; elle fut ensuite l'objet de remaniements et de réfections.

jusqu'en 1527 où elle atteint enfin la forme qu'elle a conservée actuellement.

Cette église, preuve éloquente de la Foi naïve et toute puissante des anciens russes, est basse, petite, mal éclairée, mais elle m'a charmé par son architecture naïve, par son archaïsme et son caractère symbolique. C'est devant son Iconostase, dont la porte en fer à cheval dentelé du genre arabe (et qui semble le seuil de quelque *Mirhab*) est flanquée de deux antiques et vénérées icones aux figures olivâtres éclairées par quatre grands chandeliers d'argent aux cierges énormes, c'est là que les fondateurs de Moscou se sont inclinés et qu'ils ont prié ; c'est cette église qui est le point de départ de cette immense ville russe où l'Asie et l'Europe se mêlent sans se fondre, où s'est enfantée la Russie, cette nation qui s'étend sur un tiers de l'Europe et la moitié de l'Asie et qui nous étonne par son développement si rapide, ses forces colossales, sa mentalité étrange et le troublant problème de son avenir !

CHAPITRE V

L'AME RUSSE

Une opinion de Dostoievsky. — Mysticisme et bonté. — Panorama de Moscou en été et en hiver. — Le pays des contrastes. — La Russie est une force de la nature.

Je lis dans Dostoïëvsky, cet écrivain formidable de la misère et de la souffrance de l'humanité, génie sans frein ni retenue dans sa puissance, cette opinion sur les Russes :

« L'homme russe est un homme vaste, vaste comme sa terre, terriblement enclin à tout ce qui est fantastique et désordonné ; c'est un grand malheur d'être vaste sans génie particulier. »

Il faut souscrire à ce jugement d'un aussi bon juge que Dostoïëvsky, et il est évident que toutes les apparences lui donnent raison.

Le Russe voit grand, il est mégalomane en tout, il a reçu l'emprise des immenses horizons de son pays natal ; mais il voit tout sans borne, sans limite, il ne voit rien de fini, d'achevé, de renfermé dans un cadre bien net, bien précis. De là vient cette inclination pour tout ce qui est fantastique et désordonné ; en art comme en littérature, en religion comme en politique, il est rêveur, il se complaît dans les chimères, dans ce qui est incompréhensible, inexplicable ; il s'excite, il s'emballe pour des théories ou des imaginations ; il court vers l'absolu, en tout et pour tout, avec des illusions qu'il ne discute pas, avec une naïveté et une simplicité d'enfant, avec une ardeur et un zèle de néophyte, il court sans s'arrêter, à perdre haleine, et finit par croire aveuglément à ses songes et à ses spéculations.

Plein de mysticisme et d'une âme compatissante et douce, il a autant de pitié que de foi, mais sa foi est capable de tout accepter, de tout croire sans hésiter, dès qu'il est arrivé à quelque conception qui le flatte et qui lui plaît. Et plus il est lancé dans le fantastique, dans l'inconcevable, dans le mystère ou dans l'absurde, plus sa foi de peuple jeune, de peuple encore primitif, devient inébranlable, prend des racines dans le plus profond de son cœur et peut le transformer en martyr ou en héros.

**

C'est surtout du haut de la tour dite d'Ivan-Veliky qu'on constate ce penchant inné des Russes pour ce qui est baroque, extraordinaire, tourmenté, fantastique, désordonné...

Il faut en gravir les deux cent cinquante marches pour arriver au sommet du cinquième étage, sous l'énorme calotte ou dôme doré que surmonte une croix. De là on domine le Kremlin, on découvre tout Moscou à vol d'oiseau. « Voilà la Rome tartare ! » s'écria Mme de Staël à ce spectacle. « C'est une ville des Mille et une nuits », écrit plus tard de Moltke, une de ces villes que l'imagination sait se représenter, mais qu'en réalité l'on ne voit jamais. »

Il est certain que Moscou, vue du haut de la tour

d'Ivan-Veliky, par un beau jour d'été, sous les rayons d'un soleil de feu, doit paraître une de ces capitales asiatiques dont parlent les récits de la sultane Chéhérézade : cet ensemble inouï de monuments disparates, d'églises aux coupoles ventrues ou aux dômes en poires dorées ou peints des couleurs les plus criardes, ces tours aux toits pointus, qui semblent des minarets, ces flèches de zinc doré, ces clochers à la mongole, ces murs crénelés, ces maisons, ces palais où tous les styles se rencontrent, aux murailles de couleur rouge, verte, jaune, bleue ; ces cheminées d'usines qui crachent de la fumée, tout cela constitue la plus pittoresque collection de constructions bizarres, de curiosités orientales et d'imitations de tous les styles européens qu'on peut rêver.

En été, Moscou, cette ville immense, aux enceintes concentriques, cette cité, qui s'étend sur des kilomètres de boulevards plantés d'arbres, avec des parcs et des jardins, doit produire un effet agréable. Une mer de toitures, de coupoles de toutes couleurs, de dômes étincelants, environne, serre et presse de toutes parts les hautes murailles du Kremlin, qui la domine comme une nef de pierres et de tours où brillent des croix dorées, où les aigles impériales ouvrent toutes grandes leurs ailes; et les flots des maisons, des jardins, des palais, des églises et des couvents bruissent et chantent, rugissent et roucoulent autour du sanctuaire de la Russie, autour de l'Acropole sacrée et impériale, dont les palais dressent leurs masses blanches et les cathédrales leurs clochers au-dessus de la ville par excellence, de la ville qui personnifie la Russie, la sainte Russie que leurs cloches appellent à la prière, aux devoirs envers la religion, aux sacrifices pour la patrie.

Maisons, églises, palais, couvents et, de nos jours,

usines et ateliers des faubourgs déferlent jusqu'aux forêts et aux collines où l'horizon met sa barrière d'azur ; ils étreignent les trois boucles, les méandres de la Moskova qui forme une grande île dans sa boucle centrale, ils laissent serpenter parmi les parcs et les jardins des ruisseaux et des étangs ; ils se décorent de la verdure des gazons et des grands arbres, ils se parent des fleurs qui embaument les jardins publics et privés, qui mettent leur gaieté et leur poésie sur les balcons des riches, sur les terrasses et les mansardes des pauvres !

Oui, Moscou, l'été, je me la figure aisément du haut de la tour d'Ivan-Méliky, cette métropole du monde russe, où les peuples et les races des deux continents les plus vieux du monde se coudoient et se rencontrent...

Mais Moscou, l'hiver, Moscou, avec son aspect fantastique et désordonné d'une Ispahan, d'une Bagdad, d'une Babylone ou d'un Pékin de rêve, Moscou, qui est la plus orientale des villes orientales, vous la figurez-vous enfouie sous la neige, sous un ciel d'ouate grise, qui est semblable à son sol et où l'horizon ne se distingue plus ?

Voyez-vous ces dômes et ces coupoles, ces tours, ces tourelles, ces minarets orthodoxes et ces clochers mongols, et ces palais byzantino-lombards, et ces boulevards et ces parcs dénudés où s'agitent des squelettes glacés d'arbres et d'arbustes, recouverts d'un manteau partout égal, partout monotone, de neige, d'une neige qui s'amoncelle en épaisseur ?

De la tour, où je suis, l'impression est extraordinairement intense ; on est aveuglé par tout ce blanc, par cette neige immaculée où les rues, les boulevards, les places font des raies, des plaques d'un gris sale ; où les toits, les clochers, les cheminées d'usines, se découpent en noir, violemment !

Pas un bruit ne monte de cette cité du silence, où les traîneaux glissent, où les êtres humains marchent dans la ouate neigeuse ; des vols de corbeaux noirs et de pigeons, qui sont sacrés ici comme à Venise, tourbillonnent sur la ville et vont chercher leur pâture de tous côtés ; autour de la tour d'Ivan-Veliky, les pigeons sont nombreux et s'abattent sur les places du Kremlin, sur la place Rouge, partout où quelques bonnes âmes leur jettent du maïs ; sur les toits toutes les cheminées fument et, dans le ciel d'un gris clair, les panaches de fumée s'élèvent comme des nuages d'encens, des bouffées de vapeur vite évanouies, ou des colonnes noires et épaisses, qui vont se perdre dans l'air humide et glacé pour retomber sur le sol comme une pluie de molécules sales.

Il n'est certes pas de spectacle plus grandiose au monde que celui-là ; mais il n'en est pas de plus prenant, de plus angoissant... Et pourtant ce n'est pas triste, cette vue d'une ville sous la neige, sous la glace, par un froid terrible ! On sent qu'il y a de la vie sous ces frimas, que la nature est plus forte, plus solidement, plus énergiquement trempée ici qu'ailleurs.

Dans cette capitale, qui semble engourdie sous une neige épaisse, les hommes, les femmes et les enfants vivent, s'agitent, se tourmentent et s'amusent, avec plus d'ardeur, plus de ressort peut-être que partout ailleurs ; sous cette glace et ces frimas, les arbres dorment, les plantes se recroquevillent dans la terre, le sol s'imprègne de la neige qui fond insensiblement... Viennent le dégel et le soleil, viennent les beaux jours du printemps ! En trois semaines, tout est vert, tout est en fleurs, les gazons sont plus drus que partout ailleurs et les arbres plus feuillus ! Et l'été, par 35 degrés de chaleur, bêtes et gens, arbres et plantes, somnoleront dans une béatitude inconsciente, sous les caresses brûlantes d'un soleil de feu, qui ne leur laissera rien à envier aux habitants des plus chaudes contrées de l'Asie.

C'est ici le pays des contrastes, des extrêmes, du froid terrible, de la chaleur torride, des horizons immenses, des forêts aux arbres séculaires, des steppes sans limite ; la nature y est, comme les hommes, désordonnée et sans frein, mais d'une richesse et d'une puissance sans pareille ; je dirais, si je l'osais, que la nature est aussi passionnée, aussi véhémente que la race humaine même qui habite ces régions. Les éléments se déchaînent dans ces plaines avec une fureur sans égale ; les passions éclatent dans les cœurs des Russes avec autant de soudaineté et de violence que les tempêtes.

Et Dostoïevsky l'a dit aussi : « La Russie est un jeu de la nature. » J'ajouterai qu'elle n'est pas seulement un jeu ou un caprice de la nature, elle en est aussi une force, une des forces les plus éclatantes. Le peuple, qui vit sur un sol aussi riche, sur un territoire aussi immense, qui jouit de tous les climats, les meilleurs comme les pires, qui passe de 30 degrés de froid sous zéro en hiver à 40 degrés de chaleur en été, qui sort de l'esclavage et de l'état sauvage pour entrer dans une liberté relative et qui voit sur sa civilisation primitive se greffer, comme par un prodige, toutes les découvertes, toutes les merveilles de la civilisation et de la science modernes ce peuple qui vit dans des huttes à la campagne et qui voit passer des chemins de fer, qui, à peine sait-il lire, ouvre des journaux pleins de dépêches télégraphiques et téléphoniques ; ce peuple, où les pauvres mangent du pain noir et des poissons salés et boivent de l'eau chaude passée sur du thé, où les riches habitent des palais avec électricité, ascenseurs, calorifères, boivent du champagne et mangent des truffes, où tout ce qu'on peut rêver de plus disparate se rencontre, où ce qui nous semble de la fantaisie et le produit de quelque imagination troublée est justement ce qui se trouve le plus souvent, ce qui prête le moins à l'étonnement des indigènes, comment voulez-vous que ce peuple ne soit pas d'une mentalité spéciale, d'une originalité accentuée et d'une constitution morale et physique forte et puissante ?

Je ne sais si plus tard mes opinions varieront, mais les Russes me semblent fort sympathiques et fort intéressants : ce sont des âmes neuves, plus rudes, plus près de la nature que nous, plus primitives dans tout le sens de simplicité et de droiture naïve qui s'attache à ce mot ; les passions y sont toutes contenues comme les laves dans un cratère, les explosions sont terribles ; mais ensuite c'est le calme absolu, le sommeil profond des choses inanimées ; ils ont cette qualité suprême qui s'appelle : l'endurance ; ils ont accoutumé de souffrir et souffrent avec une résignation et un stoïcisme admirables.

Peut-être, comme les Chinois, les Japonais et les Indiens, sont-ils doués d'un épiderme plus dur, de nerfs moins sensibles que les nôtres ? Mais cette indifférence devant les maux qui les accablent, cette endurance des douleurs physiques et morales marchent de pair avec des excès de violence et de fougue dans le caractère qui effraient à certains moments.

On peut définir le Russe : ou bonasse et stoïque ou

brutal et indompté. Il a des appétits sans retenue et il les assouvit sans vergogne; mais, à côté des faiblesses humaines et des exigences de la matière, il a le cœur plein de rêves, l'âme pleine de poésie, il adore la musique et les chants, il aime à contempler les cieux avec des yeux pleins de larmes, il est bon pour son prochain et sent plus que tout autre les liens multiples et secrets qui unissent tous les hommes, tous les êtres vivants dans la vie et dans la mort, liens de douleurs et d'espérances communes qui font de l'humanité une grande et sainte famille qui méconnaît ses origines et son avenir et qui s'entredéchire et se complaît à être l'artisan de son propre malheur au lieu d'écouter la voix divine du Christ et de s'entr'aimer et de s'entr'aider !

Il y a du mysticisme dans la foi des Russes, du mysticisme comme il y en avait chez les martyrs des premiers siècles de l'église catholique, et, comme ce mysticisme est sans frein ni limite, il confine parfois à la folie religieuse.

CHAPITRE VI

LES TEMPS HÉROIQUES

Une vision magique. — La grande ombre de Napoléon. — Du Métropolite Pierre a Ivan le Terrible. — Sur l'Escalier Rouge. — Triomphes et
massacres. — La cathédrale de Saint-Vasili. —
Le faux Dimitry et ses résurrections.

Mais, été comme hiver, le panorama de Moscou du haut de cette tour historique d'Ivan-Veliky est un panorama incomparable, disons le mot, une vision magique.

En le contemplant, on sent que des horizons nouveaux s'ouvrent à notre esprit, que le monde s'agrandit brusquement devant nos yeux et que des voiles se déchirent ; on a comme une sensation nette et précise de quelque chose d'immense qu'on avait rêvé, on est transporté bien loin de l'Europe, bien loin du monde où nous avons traîné nos petites querelles, nos mesquines rivalités de peuples vieux et trop civilisés : il semble qu'un mirage nous fasse apercevoir un monde inconnu, insoupçonné qui sera celui de l'avenir, un monde où l'Orient, l'Occident, toutes les races et tous les peuples vont se mêler et se fondre.

Du haut de cette tour, on conçoit toutes les ivresses des Tzars qui ont embrassé de leurs regards cette immensité et qui ont pu se dire qu'ils admiraient leur chose, leur propriété, leur domaine héréditaire... On comprend l'orgueil indicible, qui a dû étinceler dans les yeux du plus grand homme de guerre moderne, du conquérant corse aux cheveux plats, lorsqu'entouré de ses maréchaux il vit du haut de cette tour s'étaler, sous ses pieds, le Kremlin sacré et Moscou la grande !

Aujourd'hui encore, sur cette tour, sur ces coupoles et ces dômes, ces palais et cette immensité glacée, plane, altière et souveraine, drapée dans l'immortalité de la gloire, la grande ombre de Napoléon Bonaparte, *Et nunc erudimini !* L'homme passe comme un météore, sans réaliser ses projets, sans accomplir ses rêves ; son œuvre de géant se brise comme du verre et rien ne subsiste que son nom. Mais ce nom, qu'il a appris au monde à respecter et à haïr, ce nom qui a conquis son prestige dans les flots de sang qui ont inondé l'Europe, comment se fait-il qu'il survive toujours et qu'il grandisse de jour en jour, objet des malédictions des uns, des acclamations et de l'adoration des autres, de l'admiration de tous ?

C'est que Napoléon fut plus qu'un grand général, qu'un chef d'État incomparable, qu'un fondateur d'empire, un conquérant ou un despote : il incarna tout dans sa personne, il fut le *génie des temps modernes !*

Ici, dans le Kremlin, cette ombre écrase tout... Dès que ce nom de Napoléon retentit, toutes les autres visions disparaissent. Je n'ai plus qu'une hâte, qu'un désir : visiter le *Térem*, le vieux Kremlin, les appartements qui existaient lors de l'entrée de Napoléon à Moscou, les pièces qu'il a habitées, les salles où il a vécu, où il a travaillé, où il a souffert ce que nul ne pourra jamais dire...

Et pourtant les souvenirs des Tzars abondent ici : sur cette place des cathédrales ont passé tour à tour tous les souverains de la Russie ; ils ont été baptisés, sacrés dans ces cathédrales, ils ont traversé en grande pompe cette enceinte, ils ont gravi ou descendu les marches usées de cet escalier de granit où somnolent des lions de pierres, œuvres d'artistes primitifs.

Toute l'histoire de la Russie défile sur cette place : c'est le Métropolite Pierre, aux habits sacerdotaux couverts d'or et de pierreries, qui vient en grande pompe se fixer ici, en 1322, dans un palais de bois et de pierres, abandonnant sa résidence de Wladimir : il pose la première pierre de la première de ces cathédrales.

C'est le grand duc Ivan Kalita, reconnu par le Grand-Khan de Tartarie comme chef de la Russie, qui entoure en 1335 le Kremlin de sa première enceinte de palissades et lui donne son nom ; c'est Dimitry Donskoï qui agrandit Moscou et fonde la Ville Chinoise ; elle aurait compté alors 40.000 maisons ; mais, en 1432, un incendie la détruisit.

Les hordes mongoles viennent à plusieurs reprises dévaster et piller Moscou ; le Kremlin seul résiste à peu près à leurs ravages... Mais Ivan III le Grand, rusé et féroce, fait de Moscou la capitale de la Russie, soumet Novgorod-la-Grande, réunit à la Moscovie les principautés russes, secoue le joug des Tartares, s'empare de Kazan et en rapporte en grande solennité la Vierge miraculeuse ; Moscou devient le foyer, le centre de la Russie ou plutôt de la Moscovie.

Sur la place des Cathédrales, Ivan III fait massacrer les ambassadeurs du Khan de Saraï, après avoir foulé aux pieds l'image de ce potentat et fait fouetter le seul de ses envoyés, qu'il ne fit pas périr, avant de le renvoyer à Akhmet pour lui rendre compte de l'accueil fait à sa réclamation.

Les conseillers de son fils Vassili sont soupçonnés de le pousser à la révolte : il les fait mutiler atrocement sur la place des Cathédrales. L'archimandrite d'un riche monastère et le prince Oukhtomski sont accusés d'opposition à ses vues ; il les fait fouetter devant le peuple.

Il donne à ce peuple même le spectacle de deux polonais, qui avaient conspiré contre sa vie, grillés vifs dans une cage de fer placée sur un bûcher dressé sur le lit glacé de la Moskova : le feu brûle les malheureux condamnés à cette mort horrible, fait fondre la glace et le bûcher incandescent, la cage rouge, tout s'engloutit dans le fleuve comme dans une trappe de théâtre.

Quarante-trois années de ce règne, rempli de guerres et de victoires, suffisent à affermir la puissance moscovite : la richesse du grand prince de Moscou devient célèbre.

Vassili, fils d'Ivan, règne pendant vingt-huit ans et continue l'œuvre de son père. Les savants grecs, les artistes et savants italiens, les Vénitiens sont attirés à la Cour de Moscou : des palais, des cathédrales se construisent, la civilisation pénètre ces pays barbares où le luxe d'un monarque oriental s'étale pompeusement... Mais c'est surtout Ivan le Terrible qui fit ruisseler le sang sur les marches de cet escalier dénommé le Rouge, qui inonda de sang l'immense place qui s'étend entre le Kremlin et la ville Mongole, la place Rouge, elle aussi...

Ivan détestait les Boyards, qui profitèrent de sa minorité après la mort de son père pour chercher à reprendre leur puissance. Il assistait tout enfant aux luttes des Belsky et de Chouïsky qui se disputaient le pouvoir. Les Belsky furent renversés par André Chouïsky, qui se croyait enfin le maître... Il avait compté sans l'indomptable énergie d'Ivan, qui s'instruisait dans le *couvent des Miracles*, à cent mètres du palais de ses frères, dans le calme et la solitude.

Ivan avait treize ans en 1543 : c'était encore presque un enfant, mais il avait l'âme fortement trempée de son grand-père. On venait de célébrer la fête de Noël, par une nuit glaciale : la foule se pressait autour du Kremlin et, dans l'enceinte, les soldats, les évêques, les prêtres, les seigneurs accompagnaient en procession le Métropolite et Ivan, qui gravissaient l'escalier rouge, pour rentrer au palais...

Toutes les cloches sonnaient, les cierges éclairaient d'une lueur fantastique la place des Cathédrales et le palais Granovitaïa ; les chants des moines et du clergé montaient vers le ciel de plomb avec la fumée odorante des encensoirs ; le cliquetis des armes des soldats se mêlait aux rumeurs du peuple en prières et à genoux. Soudain le jeune Ivan s'arrête sur la plus haute marche de l'escalier, se retourne vivement et d'un seul geste impose le silence à tous : il apostrophe les Chouïsky et les Boyards qui, au bas des degrés, allaient gravir à leur tour l'escalier ; il leur reproche en termes véhéments leur conduite égoïste et leurs ambitions déplacées ; il clame vers les soldats et le peuple, vers les moines et le clergé, tous ses griefs et toutes ses rancunes. Le souverain, c'est lui, lui seul qui entend gouverner, ordonner et être obéi. Aux Boyards confus et surpris, autour desquels les soldats, les prêtres, le peuple grondent sourdement, empoignés par l'attitude de leur jeune prince, pleins d'admiration pour son courage, émus par une commune indignation, aux Boyards qui se taisent et se groupent, Ivan parle en despote, en maître absolu, qui veut qu'on s'incline sans un mot. Il les exile, il les renvoie dans leurs terres en pénitence : il cravache leur chef à tous, cet André Chouïsky qui a cru s'élever à la toute puissance par ses intrigues et ses luttes; et, comme ce dernier fait mine de vouloir parler, de vouloir donner des ordres autour de lui pour résister à son souverain, Ivan fait détacher quatre molosses qu'on tenait en laisse à ses côtés et les lance sur lui de la voix et du geste.

Les chiens, fidèles à leur maître, bondissent sur le ministre condamné, le mettent en pièces, le déchirent et le dévorent sur place, devant les Boyards atterrés, devant la foule et les soldats stupéfaits d'assister à l'horrible curée de celui qui quelques minutes auparavant semblait régner sur eux tous et leur inspirait le respect et la crainte.

Ivan le Terrible venait de conquérir son surnom et son prestige sans rival aux yeux de son peuple encore barbare.

Quelques vingt années plus tard, Ivan, qui avait pris le titre de Tzar et qui avait fait trembler par ses cruautés tous ses ennemis, fut trahi par un de ses généraux, André Kourbsky, qui laissa battre une armée moscovite par les Polonais en Livonie. Ivan le Terrible ne pardonnait pas la moindre faiblesse, à plus forte raison André Kourbski pouvait-il tout redouter pour sa trahison ! Il n'hésita pas à fuir et à se réfugier chez les Polonais : il voulut toutefois essayer de plaider sa cause auprès du Tzar et lui écrivit du camp polonais une lettre qu'il chargea son domestique Chibanof de porter à Moscou.

Ivan le Terrible décida de donner audience publique à cet envoyé et il le reçut sur l'escalier Rouge devant l'armée et la Cour. Chibanof dut gravir sur les mains et les genoux l'escalier et, après avoir de nouveau frappé le sol de son front, se leva sur l'ordre du Tzar, qui refusa de prendre la missive. « Lis-toi-même, esclave, fils de chien, lui dit-il. » Chibanof, après une nouvelle prosternation, se redressa et se mit à lire. Le Tzar alors s'approcha de lui, en s'appuyant sur son épieu à pointe de fer comme pour mieux entendre et, soudain, sans dire un mot, il lui cloua avec son épieu le pied sur la marche de l'escalier Rouge. Chibanof devint livide de douleur. Mais Ivan le Terrible, s'appuyant plus que jamais et de tout son poids sur l'épieu, lui dit avec un sourire effrayant : « Continue la lecture du message d'un traître, traître toi-même ! »

A dater de ce jour, aigri et surexcité par les moindres revers, exaspéré par les plus légères hésitations des Boyards à exécuter ses ordres, Ivan fut en proie à une véritable folie furieuse : il eut le délire de la trahison. Il s'entoura d'une garde spéciale de mille hommes, qui avaient comme armes parlantes une tête de chien et un balai suspendus à l'arçon de leur selle, pour marquer qu'ils mordraient tous les ennemis du Tzar et balaieraient la trahison de la terre russe.

Ce ne fut plus qu'exécutions sanglantes sur la place des Cathédrales et sur la place Rouge : Ivan fit tuer son cousin Vladimir, sa belle-sœur Alexandra et plus de 3.470 seigneurs, ainsi que femmes et enfants (selon le *Synodique* du monastère de Saint-Cyrille). En un seul jour, 1.505 Novgorodiens furent décapités, empalés, écartelés devant la cathédrale de Saint-Vasili (Vasili le bienheureux y est enterré), sur la place Rouge. C'est Ivan le Terrible qui avait fait élever cette église, en 1554, sur la place Rouge pour perpétuer le souvenir de la prise de Kazan sur les Tartares. J'ai déjà parlé de cette construction bizarre aux onze chapelles superposées sur deux rangs avec des escaliers couverts, des dômes de couleurs éclatantes qui ressemblent à des turbans, à des ananas, à des oignons, tors, découpés, à facettes, recouverts d'écailles, qui reposent sur de hauts tambours et que surmontent de grandes croix dorées. Rien de plus fantastique, de plus extraordinaire n'a jamais vu le jour en architecture, même dans le pays le plus oriental et le plus asiatique.

Napoléon ne vit dans cette réunion de chapelles qu'une manifestation de mauvais goût et donna l'ordre, qui ne fut pas exécuté, de démolir cette « Mosquée ». Ivan le Terrible, dont l'imagination déréglée et l'étrange caractère avaient été charmés par la débauche d'ornementations et de décorations de ce monument, déclarait cette cathédrale le chef-d'œuvre des chefs-d'œuvre et, pour récompenser l'architecte, qui en fut l'auteur, il ne trouva rien de mieux que de lui faire crever les deux yeux afin de l'empêcher d'en refaire un pareil. Que le Ciel nous préserve des enthousiasmes d'un Ivan le Terrible !

Citerai-je encore les entrées triomphales des armées victorieuses dans les murs et les rues de Moscou ? Toutes les guerres de défenses ou de conquêtes des Moscovites eurent leurs épilogues dans les *Te Deum* des cathédrales du Kremlin ! Et quoi de plus tragique, de plus terrible que les souvenirs du règne de Féodor l'imbécile, du bon et pauvre d'esprit Féodor, fils d'Ivan le Terrible, des intrigues, des meurtres de Boris Goudounoff, tartare ambitieux, mais prince habile, aux grands yeux noirs d'asiatique, à la fine barbe bouclée, noire comme le jais, Goudounoff, qui fait tuer Chouisky par ordre de Féodor, qui fait assassiner le second fils d'Ivan le Terrible Dimitry, ainsi que ses parents les Nagoï, qui règne sur la Russie à la mort de son beau-frère Féodor et lutte ensuite contre le faux Dimitry ? Faut-il reparler de ces faux Dimitry qui se succèdent, qui sont vainqueurs, entrent en triomphe dans Moscou, sont tués, reparaissent sans lasser la foi inébranlable des Moscovites en leur personne ?

Ce Kremlin a vu leur apothéose et leurs gémonies ; on les a couronnés, on les a défenestrés, on a traîné leurs cadavres dans la boue. Il en est un, le premier de ces imposteurs, dont on déterre le cadavre qui reposait dans un hospice près de la porte Sarpouklof, car, « de fortes gelées ayant nui à la végétation, on attribua ce phénomène à la sépulture de l'imposteur : on exhuma son corps qu'on brûla sur des charbons et, après avoir mêlé ses restes avec de la poudre, on en chargea un canon, qu'on tira dans la direction qu'avait suivie le prétendu sorcier lors de son entrée solennelle à Moscou (1). »

Ce faux Dimitry était bien tué, n'est-ce pas ? Mais, peu d'années après, les Russes se soulevèrent pour soutenir les droits de ce Dimitry qu'on disait avoir miraculeusement échappé à la mort à Moscou comme il avait jadis échappé aux émissaires de Goudounoff. Et un nouvel imposteur, à la tête d'une armée de Zaporogues et Cosaques du Don, vient jeter l'alarme dans Moscou : il occupe Touchino, à 12 verstes de Moscou et, chose fantastique, la veuve du premier Dimitry, nommée Marina, va rejoindre ce prétendant et *reconnaît en lui son premier époux*.

Mais ce second Dimitry est arrêté par le siège du couvent de *Troïtsa*, que les moines défendent pendant 16 mois. La guerre civile, la guerre étrangère désolent la Moscovie, car Suédois, Polonais, Tartares viennent

---

(1) Voir CHOPIN : *La Russie*.

la ravager sous prétexte de défendre Chouisky ou Dimitry.

On assassine ce Dimitry : c'est la troisième fois qu'on le tue : il n'est pourtant pas mort, il reparaît à Pskov, sous les traits d'un nouvel imposteur. L'anarchie menace de désorganiser la Russie naissante, d'en précipiter la ruine et de la condamner à devenir suédoise ou polonaise. Déjà les Polonais occupent Moscou et le Kremlin... Mais le boucher Minine, écoutant les appels patriotiques des moines de Troïtza, donne son argent, à la cause russe, convainc le prince Pojaiski de prendre le commandement d'une armée russe, et de toutes parts les Moscovites accourent autour d'eux. L'armée nationale se réunit à Jaroslaw. Les moines s'y rendent avec les saintes Icones, bénissent les défenseurs de la patrie ; on consacre trois jours au jeûne et aux prières ; enfin, on marche sur Moscou en chantant des cantiques avec les prêtres en tête de l'armée, qui portent devant eux la bannière des Congrégations et les saintes Images.

Religion et patrie, toute la Russie est là ! Elle ne distingue pas entre ces deux objets d'un même culte, d'une égale adoration !

**

Au début du XVIIᵉ siècle, c'est pour Dieu, pour la Patrie, que les Moscovites sauvent leur pays, cernent les Polonais dans le Kremlin, les forcent à capituler... Une grande assemblée nationale se réunit à Moscou, au Kremlin, dans cette même enceinte sacrée, et proclame Michel Romanoff, jeune prince de quinze ans, le premier de cette dynastie glorieuse qui a fait de la Russie le plus grand empire du monde.

Au début du XIXᵉ siècle, c'est encore pour Dieu et pour la patrie que Rostopchine eut le farouche courage de faire brûler Moscou pour en chasser les conquérants, sacrifice inouï et sauvage, exemple des passions barbares qui règnent en aveugles dans l'âme de ce peuple né d'hier et qui cache mal sa rudesse primitive sous une couche de civilisation raffinée et occidentale.

Le Kremlin et Moscou sont les témoins vénérables et superbes des temps héroïques de la Russie !

Mais, permettez-moi de le penser ici, pour cette race moscovite qui étend son pouvoir sur le tiers de l'Europe et la moitié de l'Asie, pour cette nation conquérante qui domine et assujettit sous son sabre 159 millions de sujets, alors qu'elle compte à peine 35 millions de vrais Russes, peut-on croire que les temps héroïques sont déjà finis ?

Ou plutôt ne font-ils pas seulement que de commencer ?

CHAPITRE VII

LE PALAIS D'OR ET LE TEREM

La place de l'Empereur. — Le palais des Armures. — La Chambre d'Or. — Le palais a facettes. — L'escalier du Terem. — La salle du trône du Tzar Alexis.

Pour visiter le vieux palais du Kremlin, dit *palais d'Or*, le *Térem* et le palais Granovitaïa, dont les façades donnent sur la place des Cathédrales et où conduit l'escalier Rouge, il faut de nos jours faire le tour par le nouveau palais. L'escalier Rouge, avec ses lions sur les paliers, sa double arcade de pierres adossée au palais Granovitaïa, est fermé au public.

C'est un grand détour ; nous reprenons notre traîneau qui attend hors de la haute grille qui entoure la place des Cathédrales... Nous longeons la façade principale du grand Palais, construction imposante, mais froide, élevée en 1840 sur l'emplacement des palais de bois et de pierres des Tzars qui furent brûlés en partie en 1812. Seuls le palais d'or, le Térem et le Granovitaïa (ou palais à facettes) furent préservés des ravages du feu. Napoléon habita d'abord dans ces palais incendiés et démolis ensuite; mais, lorsqu'il revint à Moscou, après que le feu eût été éteint pendant son court séjour au palais de Petrovsky, il habita dans le *Térem* les appartements dits du Tzar Alexis Alexeievitch, père de Pierre le Grand.

Pour visiter les palais impériaux il faut aller demander un permis au maître de police, dont le bureau se trouve dans la tour du Commandant, au fond de la grande cour grillée qui sépare le grand Palais du Palais des Armures, cour qu'on appelle, je ne sais pourquoi, la *place de l'Empereur*. Ce Palais des Armures, qui contient un musée des armes et des collections impériales, ainsi que le Trésor du Kremlin, a été construit en 1850 sur l'emplacement des anciennes écuries et de la fabrique des armes. C'est un édifice dans le genre du nouveau Palais qui est en face, à grandes dimensions, et qui rappelle le style des Expositions universelles : les salles intérieures sont bien disposées, vastes, très hautes et très bien éclairées.

Les permis sont délivrés sans difficulté sur la vue du passeport et nous revenons devant la façade du grand Palais : la porte d'entrée est assez insignifiante, elle n'a pas l'ampleur qu'on attendait. Nous voici dans le vestibule aux colonnes monolithes en marbre gris; il est long plutôt que large et assez mal éclairé : mais le grand escalier dit *de parade*, qui conduit au premier étage, fait un grand effet. C'est un escalier de granit avec cinq paliers, tout droit entre deux murs de marbre surmontés d'une balustrade et de colonnes soutenant la voûte : on aime beaucoup en Russie ces escaliers droits, il y en a dans presque tous les monuments et palais. Il faut reconnaître qu'ils ont grand air et que leur seul défaut est de prendre une place énorme. Le plus beau que j'ai vu est sans conteste celui de l'Ermitage, à Saint-Pétersbourg.

Décrirai-je les grandes salles d'apparat et de fêtes du Grand Palais? Je n'en sens pas le courage : ce sont des pièces immenses, belles par leurs dimensions, dont les plafonds reposent sur des colonnes ou d'énormes piliers ; les dorures, les ornementations abondent, la décoration est d'une richesse fastueuse, pas toujours de bon goût parce qu'elle manque de sobriété, les parquets sont de bois précieux reproduisant les motifs des plafonds. Résumons-nous : on ne peut nier à ces salles une grande allure, un caractère de splendeur impériale, mais elles me rappellent trop les salles, plus belles encore, du Palais d'Hiver à Saint-Pétersbourg et de tous les palais royaux et impériaux du monde entier... et j'ai hâte de voir ce qui reste du vieux Kremlin, du Palais des anciens Tzars, des fondateurs de l'Empire moscovite. Tout le reste est trop neuf, trop doré, trop banal pour nous intéresser, trop fastueux et trop inesthétique pour nous plaire.

Mais le laquais, en grand uniforme, qui nous fait visiter, ne se doute pas de ce qui est artistique ni de ce qui est beau : pour lui les salles dorées sur tranches, les pièces neuves où brille et reluit tout le clinquant moderne sont évidemment des merveilles incomparables... et il ne nous fait grâce de rien, il ne nous prive d'aucun détail. Le reste, ce vieux palais que je brûle d'envie de voir, pour lui ce sont des vieilleries, des parties d'immeuble qu'on conserve à cause des souvenirs, mais qui méritent à peine un coup d'œil !...

De la salle Sainte-Catherine, nous allons visiter la chapelle privée des tzarines, dite église de la Nativité de la Vierge, qui date de 1393 ; nous prenons ensuite un long corridor qui est une bien curieuse preuve de la façon dont on a greffé le Grand Palais neuf sur les vieilles constructions du Palais d'Or. Ce corridor, dont les fenêtres donnent sur la cour intérieure du Palais et nous permettent de voir la primitive église du *Saint*

Sauveur dans la forêt (dont j'ai déjà parlé), ainsi que le grand escalier des Boyards qui rappelle un peu l'escalier des Géants à Venise (sans les Géants), ce corridor, dis-je, donne jour de l'autre côté aux fenêtres du Palais d'Or lui-même : l'architecte, qui a construit ce corridor contre la façade de l'ancien palais, a eu le bon goût de respecter les ornements des fenêtres antiques et de leur laisser leurs frontons sculptés et leurs motifs bizarres. On se rend compte ainsi de la décoration extérieure de la façade aujourd'hui cachée.

Ces fenêtres sont celles de pièces voûtées, datant du XVIe siècle, mais qui ont été restaurées et aménagées à la moderne : elles servent de logements pour la suite impériale quand les Tzars viennent à Moscou.

Ce corridor nous conduit à la salle Saint-Vladimir, grande salle octogone, où se tiennent les cérémonies de l'Ordre de Saint-Vladimir. De cette salle, une porte nous introduit dans la salle d'audience des anciens patriarches, dite *Chambre d'Or*. C'est une pièce voûtée, au-dessus de laquelle est l'église du *Sauveur derrière la grille*, petite église fondée en 1636, dont le toit est surmonté de 12 dômes dorés. Il y a dans cette église réservée aux patriarches et aux tzars une grille en or sur le palier. A côté de cette église, se trouve la chapelle ou église Sainte-Catherine.

La « Chambre d'Or » est extrêmement curieuse : cette salle, assez basse, voûtée comme une crypte d'église, avec des poutrelles de fer apparentes qui la traversent dans tous les sens à environ trois mètres de hauteur, donne l'impression très nette d'une salle du Moyen Age... J'ai souvenance de salles semblables dans de vieux châteaux gothiques, dans d'antiques tours ; le style n'est pas gothique, il est cependant plutôt byzantin et roman. Il y a sur les parois, sur les voûtes, des fresques sur fond d'or qui ont été restaurées. Au centre pend une lampe en cuivre à quatre branches, dans le genre des lampes juives antiques. C'était dans cette salle que les Patriarches donnaient leurs audiences, c'est là qu'a lieu maintenant le banquet du corps diplomatique le jour du couronnement des Tzars.

La salle Vladimir donne d'un côté sur un escalier qui conduit au second et troisième étages du *Terem* et de l'autre sur le *Vestibule sacré*, qui la sépare du *Palais à facettes* (Granovitaïa). Ce vestibule qui ouvre sur l'escalier Rouge a dû être couvert et encastré dans la construction, lorsqu'on a édifié la salle de Vladimir, car le portail intérieur a tout l'air d'appartenir à une façade.

Le *Granovitaia Palata* ou palais à facettes doit son nom à la forme des pierres de sa façade sur la place des Cathédrales. Il a été construit sous Ivan III; l'intérieur, dans lequel on ne laisse pas entrer tout le monde et qu'on contemple en général de la porte, ne renferme qu'une seule salle voûtée, très large, très haute pour ce genre de construction et dont la voûte vient, par des arcades décorées de sentences et dont les nervures sont en fer doré, reposer sur un énorme pilier central. Il me semble qu'il y a, au *Rœhmer*, à Francfort-sur-Mein, une salle de ce genre... Cette salle pourrait être une église aussi bien qu'une salle de fêtes ; les anciens Tzars y recevaient les ambassadeurs. De grands lustres descendent des quatre cintres des voûtes ; les fenêtres percées dans des murs d'un mètre soixante d'épaisseur s'ouvrent d'une façon peu banale comme feraient les fenêtres de deux étages : il y a quatre grandes fenêtres surmontées entre elles de deux autres fenêtres un peu plus petites. Un superbe tapis couvre le sol et les murs sont décorés de fresques aux sujets religieux.

Cette salle est vraiment belle, vraiment grandiose : c'est à mon avis la plus originale, la plus artistique du Kremlin.

Mais enfin nous arrivons au *Térem*, c'est-à-dire le *palais du Belvédère ;* ce Belvédère est une pièce du cinquième étage où les anciens tzars avaient accoutumé de paraître à une fenêtre pour donner leurs ordres de vive voix aux Boyards qui se tenaient sur l'*escalier des Boyards* et sur sa plate-forme, dont j'ai parlé plus haut. Les cinq étages sont construits en retrait, comme ceux des tours. L'escalier du *Terem* est à jour, dans le style lombardo-byzantin, il est des plus curieux et des plus intéressants : son vestibule a dû être jadis à ciel ouvert, on l'a recouvert plus tard. Au second étage, une galerie donne sur la salle de Vladimir, une autre sur l'intérieur de la petite église du *Sauveur derrière la grille d'Or.*

Les pièces du troisième étage sont meublées et conservées, telles qu'elles étaient du temps de Féodor en 1682 : la restauration, en 1836 et 1840, a été très adroite et on a l'illusion de se trouver transporté à l'époque des Tzars Féodor et Alexis ; leurs meubles sont encore aux places qu'ils occupaient jadis.

Ces pièces voûtées, avec leurs murs couverts de fresques dorées, avec parfois des médaillons au centre des voûtes, avec leurs portes basses et rondes, leurs fenêtres divisées par une colonnette et aux vitraux de couleurs(il y en a qui ont encore des plaques de mica au lieu de vitres), leurs fauteuils anciens, les nervures sculptées des voûtes, les grands poêles ronds et carrés couverts de faïences vernissées qui provenaient sans doute de la Perse, ces pièces ont un caractère si original, si moyenâgeux en même temps que si byzantin, qu'on songe aussitôt qu'à l'époque où elles furent construites, décorées et meublées, elles accusaient déjà un retard de trois siècles sur la civilisation française et occidentale.

La Russie était encore par le costume, par les mœurs, par l'architecture au siècle de Charlemagne, quand la Renaissance battait son plein chez nous, et il a fallu ensuite toute la volonté de fer d'un Pierre le Grand et toute la persévérance d'une Catherine II pour implanter la civilisation occidentale en Russie, pour y superposer aux mœurs primitives la politesse raffinée et le sybaritisme incrédule des philosophes du xviiie siècle.

Ce n'est pas le moment de rechercher si cette civilisation intensive a été bonne ou mauvaise : la race russe n'en a d'ailleurs pris que les formes extérieures !

Mais on peut affirmer qu'au point de vue architectural il est regrettable que les Russes n'aient pas été livrés à eux-mêmes pendant des siècles, car ils auraient peut-être apporté à leur style primitif lombardo-byzantin des modifications et des développements que leurs goûts orientaux et leur amour du grandiose et du fantasque leur auraient suggérés.

J'aurais aimé à voir une architecture vraiment russe... Mais je doute fort qu'il y en ait jamais une maintenant et dans l'avenir ! Quel que soit le génie des architectes qui viendront, il leur sera impossible de faire table rase ou de ne pas avoir des réminiscences. Ce qu'on me donne comme style russe de nos jours, ce style de la cathédrale de Vassili, sur la place Rouge, celui de l'église Expiatoire d'Alexandre II à Saint-Pétersbourg, celui encore qu'on remarque au couvent de Troïtza, au couvent de Nowo-Devitchy, à Moscou, enfin dans les cathédrales du Kremlin, ne peut véritablement pas être taxé de style pur : c'est un amalgame, une exagération et une parodie de styles divers, mais ce n'est pas un style personnel, propre à une race et à un peuple aussi différents des autres que les Moscovites.

Mais revenons à nos moutons !... Voici la *salle à manger* du Tzar Alexis, avec son plafond où sont peints le Sauveur et les Évangélistes, Constantin le Grand et sa mère Hélène, saint Vladimir et sainte Olga ; voici le *salon*, où deux caisses de bronze contiennent des archives, la *salle du Trône*, aux décorations orientales, avec, dans un coin, la chaise du tzar Alexis, la boîte qu'il faisait mettre tous les matins devant l'escalier Rouge et où l'on déposait les pétitions ; le tzar la remontait lui-même tous les soirs et en prenait connaissance avant de se coucher. Combien de souverains ne devraient-ils pas chercher comme ce tzar à être en contact avec leur peuple et à savoir par eux-mêmes ce que réclame l'opinion publique ?

Voici dans cette même salle, sur une table aux pieds chantournés et dorés, un coffret d'argent et d'or, une véritable *Châsse* placée sous verre : c'est là qu'est enfermé l'acte original de l'élection comme tzar de Michel Feodorovitch Romanoff, fondateur de la Dynastie actuelle.

CHAPITRE VIII

LE SOUVENIR DE NAPOLÉON

La chambre où dormit l'empereur d'Occident. — L'ivresse de la conquête et les horreurs de la réalité. — Les angoisses du grand Capitaine. — L'incendie du 16 septembre 1812. — Les bonnets a poils des grenadiers russes.

Maintenant nous pénétrons dans la *chambre à coucher*, où se dresse le lit de chêne aux colonnes et au dais sculptés, qui fut le lit du tzar Alexis et où a dormi Napoléon Bonaparte. A côté est une autre petite salle, qui servit de chambre à coucher au major-général Berthier. Devant la porte de la chambre de Napoléon qui donnait sur la salle du trône, s'étendait à terre, roulé dans une couverture, le fidèle mameluk Roustan.

Mais Napoléon coucha-t-il longtemps dans cette chambre? Lui, qui préférait son lit de camp — et il en avait toujours trois qui le suivaient à l'armée — ne s'installa-t-il pas plutôt dans la grande pièce du quatrième étage, où vécut Pierre le Grand, avant son premier voyage en Hollande et où se tenaient jadis les séances du Conseil d'État? Cette belle salle, plus vaste, mieux éclairée, convenait mieux aux méditations du conquérant... que sa conquête allait vaincre et ruiner.

En outre, de sa galerie extérieure, où des sentinelles devaient veiller aux quatre angles, quelle vue admirable sur tout Moscou? Ce point constituait pour le grand Capitaine un observatoire précieux, et il a dû souvent contempler, soit de cette terrasse, soit du Belvédère en forme de tourelle qui flanque au sud-ouest la toiture du Térem, le panorama merveilleux de Moscou et des environs qui se déroulait à ses regards. N'oublions pas, en effet, qu'en 1812 les massives constructions du Grand Palais neuf et du Palais des Armures n'existaient pas et que les gravures, qui représentent le Kremlin en 1715 et vers la fin du XVIIIe siècle, montrent que les anciens palais de pierres et de bois des tzars ne cachaient pas le quatrième étage du Terem.

Quoi qu'il en soit, nulle part, je n'éprouverai de ma vie une impression plus forte que dans ces vieux appartements du Kremlin; une émotion indéfinissable s'empara de moi et je dus m'arrêter pour la contenir; je restai un long moment devant une fenêtre à faire semblant de regarder dans la grande cour intérieure du Palais neuf.

Ce que j'ai ressenti à cet instant, quel Français ne le ressentirait-il pas dans une occasion semblable, dans un lieu aussi riche en souvenirs à la fois glorieux et pénibles? *Lui partout, Lui toujours !* L'ombre de Napoléon premier, du Corse aux cheveux plats, Empereur des Français, Roi de Rome, Maître de l'Europe, semblait s'agiter devant mes yeux : je la sentais dans ces salons, ces pièces voûtées et moyenâgeuses, il me semblait qu'elle était là, autour de nous, à nos côtés, qu'elle errait dans ce vieux Kremlin qui rappelle Byzance avec les bottes éperonnées qui avaient foulé les tapis des palais de Paris, de Rome, de Madrid, du Caire, de Berlin, de Vienne, de Varsovie, avec la redingote grise et le chapeau du Petit Caporal... et cette ombre du plus grand Capitaine, du César moderne, de Celui qui était à la fois le fils et le dompteur de la Révolution française, qui, soldat de la Liberté, avait violé, muselé, enchaîné la liberté des peuples et n'avait trouvé dans le despotisme et la toute puissance que la démence d'une ambition sans frein, cette ombre semblait sangloter sur son rêve déçu, sur ses grands desseins ruinés !

L'Empereur d'Occident avait pu ici, dans ces appartements, entrevoir la couronne d'Orient.

Depuis que Constantinople était aux mains des Turcs, Moscou était la capitale de l'Orient chrétien... Les Russes continuaient les traditions de Byzance, de l'Empire de Constantin; ils avaient relevé l'étendard du Christ que les mains débiles des Grecs avaient laissé tomber. C'est dans les monastères et couvents russes que les moines de Constantinople vinrent se réfugier et apporter leurs croyances et leurs derniers espoirs... C'est la sainte Russie qui semblait, qui semble encore, avoir reçu du Ciel la mission de défendre et de faire triompher dans l'Orient de l'Europe et en Asie la foi chrétienne, la religion du Sauveur des hommes.

Et Napoléon avait pu croire qu'il décrocherait à Moscou la couronne de Constantin et qu'il en ceindrait son front; il n'avait plus qu'à étendre la main pour réunir enfin les deux empires sous son sceptre, pour être plus grand que les Romains à l'apogée de leur gloire, pour être à la fois César et Charlemagne et devenir Alexandre, pour dominer le monde...

Mais cette couronne d'Orient, qu'il voyait avec les yeux de son génie, qu'il désirait avec toutes les forces de son ambition, voilà qu'elle s'éloignait de lui à mesure qu'il en approchait la main ! Il la sentait sous ses doigts, ici, dans ce Kremlin, dans cette Moscou dont les cent mille cadavres de Borodino, de la bataille de la Moskova, lui ouvraient les portes ; il lui semblait qu'il n'avait plus qu'à serrer les doigts pour la prendre, la saisir dans sa main puissante ; mais elle fuyait à son contact, elle glissait entre ses doigts crispés comme une poignée de sable ; il ne tenait dans sa main que la poussière de ses illusions et la cendre de ses rêves...

Ni la Russie n'était subjuguée comme le reste du monde, ni la Victoire ne daignait le réconforter de ses caresses ; il avait massacré, détruit et fait massacrer et détruire des centaines de milliers d'hommes, sans obtenir une victoire claire et éclatante, un triomphe définitif.

Rien que des boucheries sanglantes, des hécatombes atroces, où la Mort planait tristement, avec des rictus amers ; il ne voyait partout que cette terrible moissonneuse des hommes, sombre, hagarde, avec son cortège d'oiseaux de proie, de corbeaux, et le concert sinistre des râles d'agonie et des hurlements de douleurs qui montaient des champs de bataille, quand le canon se taisait...

Il avait le pressentiment de sa chûte inévitable : arrivé au faîte de son ascension dans la gloire et la puissance, du haut de ce palais du Kremlin, il voyait s'entr'ouvrir sous ses pas le gouffre, l'abîme où la Destinée l'entraînait sans retour.

Tu as cru vaincre, tu as cru tout subjuguer, tu as cru violer le Sort comme tu as violé la Liberté, tu as cru que rien n'oserait te tenir tête dans le monde et que ta Volonté soumettrait les hommes, les empires, les éléments et que tout l'univers se prosternerait à tes pieds ! Détrompe-toi, empereur des Français, despote de génie ; tu viens de méconnaître la mission même que Dieu t'avait confiée ; Dieu te retire cette mission et, malgré des prodiges et des efforts surhumains, tu vas succomber à ton tour...

Sous tes yeux, l'horizon devient sanglant de tous les côtés ; mais ce n'est pourtant pas du sang qui monte vers le ciel en cette soirée du 16 septembre 1812 ; ce n'est pas non plus un coucher de soleil qui inonde de lueurs d'incendie les fenêtres du palais des Tzars ! Monte sur la terrasse du Terem et contemple cet inouï spectacle ; tu peux admirer quelque chose de plus effroyable, de plus atrocement beau que ce que vit Néron, lorsqu'il battit des mains devant Rome embrasée par ses ordres ; c'est Moscou, la ville aux deux cents églises, aux couvents immenses, aux palais de pierres où la Renaissance et le Byzantin allient leurs styles qui hurlent de se trouver ensemble, c'est la capitale et la Métropole sacrée de la Russie qui flambe pour te chasser de son enceinte. Vois ces tourbillons de fumée noire qui montent de toutes parts, ces panaches de flammes, cette mer de feu qui t'entourent ; entends ces cris, ces appels, ces voix humaines qui gémissent, qui gueulent, ces roulements de tambours, ces sonneries de clairons, ces cloches qui sonnent lugubrement, le crépitement formidable de ce brasier gigantesque, le vacarme des explosions... Et sur la voûte des cieux, obscurcis par les torrents de fumée qui montent, dans ce noir où ton étoile a disparu avec toutes les autres, lis les mots fatidiques, lis ton : *Mané Técel Pharès !*

C'est fini de ta chance prodigieuse, de ton bonheur insolent ; ta Fortune est morte, elle se consume dans les flammes de Moscou. La couronne de l'empire d'Orient s'envole dans les rafales de l'orage qui souffle sur l'incendie ; la couronne de l'empire d'Occident te glisse du front et se brise à tes pieds comme une couronne de verre. . . . .

J'ai donné deux roubles au laquais pour qu'il me laisse seul, pour qu'il me laisse méditer un peu dans ces appartements du vieux palais des Tzars. Je me suis abandonné plus d'une heure à tous les souvenirs qui assaillaient mon esprit, j'ai marché lentement dans ces pièces où Napoléon eut la vision effarante de son avenir, j'ai examiné longuement toutes choses...

Du Belvédère, où je suis monté, j'ai contemplé les toits couverts de neige, les cinquante dômes des églises et cathédrales avec leurs croix dorées, ces croix de toutes dimensions, de toutes formes... j'ai vu la ouate blanchâtre et lumineuse du ciel sur ma tête, le linceul de la neige étendu de tous côtés à mes pieds. Et soudain, sans que je sache pourquoi, un canon a retenti dans l'enceinte du Kremlin, sans doute pour quelque salve ; les cloches graves de la tour d'Ivan-Veliky, celles des cathédrales au son clair et harmonique, ont sonné... Des toits et des tours du Kremlin, des centaines de corbeaux et de choucas ont pris leur vol à grands bruits d'ailes, avec des croassements sinistres !

**

J'ai quitté ces lieux historiques, je me suis arraché à mes méditations et à mes pensées... Le traîneau nous a repris, mon ami et moi, après que nous avons eu retraversé de nouveau tout le palais neuf, toutes ces salles clinquantes, et surtout cette salle immense de Saint-Georges où les décorations et les sièges de couleur orange mettent une note criarde et choquante.

Nous glissons sur la neige durcie, il fait très froid, le cheval trotte assez vite et l'air nous fait pleurer les yeux... Au fait, est-ce l'air seulement ? J'ai les yeux tout gonflés de larmes, le cœur étreint d'une angoisse inexprimable. Et, devant ce monument de triomphe, élevé à la gloire d'Alexandre II et de la Dynastie des Romanoff, que vois-je? Ces deux grenadiers, aux grands bonnets à poils, qui montent la garde en grande tenue, devant deux guérites de bois... D'un peu loin, ils donnent l'illusion complète des vieux grognards de la Garde Impériale, dont ils ont presque l'uniforme et surtout la coiffure légendaire. Ces grenadiers...

Mais il devait y en avoir ici d'aussi grands, d'aussi superbes, que dis-je? de plus grands et de plus superbes encore quand Napoléon souffrait sa passion dans ce Kremlin !

Cette fois, ce n'est pas l'air glacé qui fait couler mes pleurs : ces grenadiers... ces grenadiers de 1812 étaient des grenadiers français.

Et Napoléon, est-ce qu'il n'incarnait pas alors la France?

DEUXIÈME PARTIE

Le Génie des Temps Modernes

CHAPITRE IX

PORTRAIT DE NAPOLÉON

Adoré par les uns. — Vilipendé par les autres. — Méconnu par la plupart. — Ce que dit Madame de Rémusat. — Napoléon avait autant de cœur que de génie.

Je suis rentré à l'hôtel, très las et très désireux de me recueillir et de me reposer un peu. Et j'ai passé toute l'après-midi, dans le salon qui précède ma chambre, enfoncé dans un fauteuil, écoutant la chanson de l'eau qui bout dans le samovar, plongé dans les méditations les plus profondes.

A qui donc aurais-je pu penser, si ce n'est encore et toujours à Napoléon, dont le vieux Kremlin venait d'évoquer si nettement à mes yeux la grande ombre?

Je vois revivre dans ma mémoire sa rapide et fulgurante intervention dans les affaires du monde, son passage sur la terre comme un météore de génie, qui laisse derrière lui une éblouissante traînée de gloire!

Je feuillette les notes que j'ai réunies depuis longtemps sur Napoléon. Il n'est pas d'homme qui ait fait couler plus d'encre, il n'en est pas qui ait inspiré plus d'écrivains, mais il n'en est pas de plus discuté, de plus méconnu, même par ses admirateurs. Il a eu des ennemis qui l'ont vilipendé (même après sa mort); il a eu des fidèles qui ne l'ont pas compris : on a créé une légende napoléonienne, on l'a presque divinisé dans les vers des poètes... Mais on n'a pas toujours cherché à expliquer ses actes sans les rapetisser, sans y apporter de la haine dans la critique ou de l'aveuglement dans l'admiration.

Napoléon est tellement grand qu'il effraie les uns, excite la haine chez les autres, force le plus grand nombre à l'étonnement. Et, excepté pour les esprits froids et mesurés des diplomates et des historiens, son prestige est si éblouissant, la gloire qui illumine toutes les pages de sa carrière de guerrier, toutes ses victoires et même ses désastres, si incomparable, les vicissitudes extraordinaires de sa fortune sont si prodigieuses que cette fortune même semble plutôt le fruit d'une imagination poétique qu'une réalité !

Toute la vie de ce capitaine né obscurément dans une île, qui parvient à égaler Annibal et César, va des Pyramides à Moscou, dompte la France révolutionnaire et se ceint de la couronne de Charlemagne pour tenter de devenir le Maître du monde, lutte avec désespoir et opiniâtreté contre le Sort contraire, part de Fontainebleau pour l'île d'Elbe, revient en France en triomphateur, ramène ses légions jusqu'à Waterloo... quoi de plus propre à transporter les âmes simples et sincères, à faire bondir d'enthousiasme les jeunes cœurs, à surexciter tous les cerveaux des êtres humains ?

Pour la masse, qui lit cette épopée sans égale, il n'est pas d'autre sentiment que celui que les soldats de Napoléon éprouvaient pour leur général, pour leur empereur, pour celui qu'ils appelaient le *petit caporal*, et ce sentiment c'est un amour si fort, si instinctif, si peu raisonné qu'il confine à l'adoration !

Je ne connais pas de meilleur portrait de Napoléon que celui qu'en a tracé Mme de Rémusat, qui fut dame du Palais auprès de Joséphine ; en voici quelques traits :

« Bonaparte est de petite taille, assez mal proportionné, parce que son buste trop long raccourcit le reste de son corps. Il a les cheveux rares et châtains, les yeux gris bleu ; son teint, jaune tant qu'il fut maigre, devint plus tard d'un blanc mat et sans aucune couleur. Le trait de son front, l'enchâssement de son œil, la ligne du nez, tout cela est beau et rappelle assez les médailles antiques... Son attitude le porte toujours un peu en avant ; ses yeux, habituellement ternes, donnent à son visage, quand il est en repos, une expression mélancolique et méditative. Quand il s'anime par la colère, son regard devient facilement farouche et menaçant. Le rire lui va bien, il désarme et rajeunit toute sa personne. Il était alors difficile de ne pas s'y laisser prendre, tant il embellissait et changeait sa physionomie. Sa toilette a toujours été fort simple : il portait habituellement l'un des uniformes de sa garde... La précipitation avec laquelle il faisait toute chose ne permettait guère que ses vêtements fussent placés sur lui avec soin et, dans les jours de gala et de grand costume, il fallait que ses valets de chambre s'entendissent entre eux pour saisir le moment de lui ajuster quelque chose. Il ne savait bien porter aucun ornement : la moindre gêne lui a toujours paru insupportable. Il arrachait ou brisait tout ce qui lui causait le plus léger malaise... »

Voilà l'homme, dépeint en quelques lignes, dans son physique et son extérieur. A son caractère maintenant.

« J'ai dit — c'est toujours Mme de Rémusat qui parle — qu'il y avait une sorte de séduction dans le sourire de Bonaparte ; mais, durant tout le temps que je l'ai vu, il ne l'employait pas fréquemment. La gravité était le fond de son caractère; non celle qui vient de la noblesse et de la dignité des habitudes, mais celle que donne la profondeur des méditations. Dans sa jeunesse, il était rêveur ; plus tard, il devint triste ; et plus tard encore tout cela se changea en mauvaise humeur presque continuelle. *Quand je commençai à le connaître, il aimait fort tout ce qui porte à la rêverie ; Ossian, le demi-jour, la musique mélancolique... Les habitudes géométriques de son esprit l'ont toujours porté à analyser jusqu'à ses émotions.* Bonaparte est l'homme qui a le plus médité sur les *pourquoi* qui régissent les actions humaines. Incessamment tendu dans les moindres actions de sa vie, se découvrant toujours un secret motif pour chacun de ses mouvements, il n'a jamais expliqué ni conçu cette nonchalance naturelle qui fait qu'on agit parfois sans projet et sans but...

« Bonaparte manque d'éducation et de formes ; il semble qu'il ait été irrévocablement destiné à vivre sous une tente, où tout est égal, ou sur un trône, où tout est permis... D'ailleurs, toute règle continue lui devient une gêne insupportable, toute liberté qu'il prend lui plaît comme une victoire, et jamais il n'eût voulu céder quelque chose, même à la grammaire... »

Tous les écrivains sérieux et tous ses contemporains ont corroboré ce jugement de Mme de Rémusat. Mais n'est-elle pas un peu trop injuste lorsqu'elle l'accuse d'avoir totalement manqué de cœur. « Il redoutait les liens d'affection, nous dit-elle, il s'efforçait d'isoler chacun, il n'a vendu ses faveurs qu'en éveillant l'inquiétude... Il ne pardonnait à la vertu que lorsqu'il avait pu l'atteindre par le ridicule ! »

Il est probable que Mme de Rémusat a pris la force de caractère, que Napoléon possédait au plus haut degré, pour une absence absolue de cœur.

Elle a dit que Napoléon aimait la rêverie, la musique

mélancolique, Ossian... il faut avoir du cœur et des sentiments pour cela !

Mais un général qui mène des hommes au carnage, un monarque qui gouverne des peuples, a-t-il le droit d'avoir les faiblesses de cœur du commun des mortels, et surtout a-t-il le droit de les montrer? Je ne le crois pas ; je dirai plus, Napoléon a dû souvent faire des efforts indicibles pour commander à ses sentiments, à sa nature humaine, et il a été sans cesse obligé, comme un acteur sur la scène, de montrer sur son visage, dans ses paroles et par son attitude, des sentiments tout différents des siens.

Quelle scène que celle qu'il remplissait, soit sur le trône, soit sur les champs de bataille, soit au Conseil des Ministres ou devant sa Cour ! C'était la scène du monde...

Il lui fallait dissimuler et porter sans cesse un masque : tout le monde l'épiait, ses amis, sa famille, ses serviteurs auraient remarqué le moindre signe de défaillance chez lui, tout aussi bien que ses ennemis. Et c'est ce stoïcisme, cette dureté apparente, cette attitude hautaine et autoritaire, ce sang-froid imperturbable qui faisaient sa force devant les masses populaires, qui en imposaient à ses généraux, à ses ministres, à tous ceux qui l'approchaient.

Mais sa conduite envers sa mère et envers sa famille n'est pas celle d'un être sans cœur... et son divorce avec Joséphine, qui fut peut-être une faute, ne peut pas nous faire oublier qu'il lui avait pardonné beaucoup de frasques et d'infidélités qu'un homme ordinaire aurait punies par une répudiation immédiate !

Il est de toute évidence — (l'histoire l'a prouvé) — que Bonaparte fut bon pour Joséphine, qu'il l'aima jusqu'à sa mort, qu'il voulut revoir la Malmaison et qu'il y resta cinq jours après le désastre de Waterloo... N'avait-il pas de cœur, ce conquérant du monde, ce géant vaincu, qui sentait que la fortune l'avait abandonné, que tout s'effondrait autour de lui, que les instants de son séjour en France étaient comptés, et qui négligeait toutes les affaires, tous ses intérêts les plus puissants, pour revivre quelques jours dans les lieux où il avait goûté le bonheur et l'amour? Il ne pouvait lasser ses yeux de la vue des objets, des meubles qui avaient appartenu à Joséphine, il recherchait la solitude dans sa chambre et son boudoir pour sentir une dernière fois la douceur et la tristesse des souvenirs du passé... d'un passé qui était hier et qui paraissait déjà lointain à cet être exceptionnel dont la vie était un tourbillon !

N'avait-il pas de cœur, le général qui savait parler aux soldats le plus noble, le plus fier et en même temps le plus émouvant langage? L'empereur qui a prononcé les sublimes adieux de Fontainebleau, qui a écrit au prince-régent d'Angleterre : je viens, comme Thémistocle, m'asseoir au foyer du peuple britannique... Cette lettre immortelle de grandeur d'âme, de dignité dans le malheur, de confiance dans la loyauté et la générosité d'un ennemi... Peut-on prétendre que cet empereur n'avait pas de cœur?

Et cette protestation de Sainte-Hélène : « Je lègue l'opprobre de ma mort à la maison régnante d'Angleterre ! » Malade, prisonnier dans une île désolée, en proie aux outrages et aux insolences d'un Hudson Lowe, Napoléon avait assez de magnanimité pour ne pas jeter sa malédiction sur le peuple anglais tout entier, sur la nation britannique ; il avait trop de cœur pour rendre tout un peuple responsable de la honte, de l'infamie de ses gouvernants ! !

Combien plus juste est Chateaubriand, lorsqu'il écrit :

« *Bonaparte était un poète en action, un génie immense dans la guerre, un esprit infatigable, habile et sensé dans l'administration, un législateur laborieux et raisonnable. C'est pourquoi il a tant de prise sur l'imagination des peuples et tant d'autorité sur le jugement des hommes positifs.* »

Je dois avouer que de toutes les opinions qui ont été exprimées sur Napoléon aucune ne me paraît plus raisonnée que celle-là. Malheureusement Chateaubriand a été le contemporain et l'ennemi de Napoléon ; il l'a combattu avec virulence et il a été aveuglé souvent par la passion.

CHAPITRE X

NAPOLÉON ET CHATEAUBRIAND

Deux grands génies contemporains... et ennemis. — Bonaparte et les Bourbons en 1814. — Washington et Bonaparte en 1827. — Il est de la race des Alexandre et des César qui dépassent la stature humaine.

Mais quel grand esprit que celui de Chateaubriand ! Et comme il était digne de comprendre Napoléon ! Il ne l'a pourtant compris qu'à moitié, parce que Napoléon était incompréhensible pour les hommes de son époque, parce que ce génie était un précurseur...

J'aime beaucoup Chateaubriand : il n'est pas seulement un des plus admirables écrivains français, il a l'éloquence et la vision sereine des prophètes... et c'est aussi un sage, un philosophe, un penseur. Je n'en connais pas de plus grand. Il est un de mes auteurs de prédilection, de ceux que je relis avec fruit. Saint Augustin, Montesquieu, Pascal, Michelet sont avec Chateaubriand mes auteurs de chevet.

Cette confession faite, permettez-moi de refeuilleter mes notes : Voici ce que Chateaubriand disait de Napoléon dans sa fameuse brochure du 30 mars 1814, intitulée : *Bonaparte et les Bourbons*, œuvre de passion politique, véritable philippique destinée à préparer le retour des Bourbons :

« Lorsque Bonaparte chassa le Directoire, il lui adressa ce discours : « Qu'avez-vous fait de cette France que je vous ai laissée si brillante? Je vous ai laissé la paix, j'ai retrouvé la guerre ; je vous ai laissé des victoires, j'ai retrouvé des revers ; je vous ai laissé les millions de l'Italie, et j'ai trouvé partout des lois spoliatrices et la misère. Qu'avez-vous fait de cent mille Français que je connaissais tous, mes compagnons de gloire? Ils sont morts. Cet état de choses ne peut durer ; avant trois ans, il nous mènerait au despotisme ; mais nous voulons la République, la République assise sur les bases de l'égalité, de la morale, de la liberté civile et de la tolérance politique. » Aujourd'hui, homme de malheur, nous te prendrons par tes discours, et nous t'interrogerons par tes paroles.

« Dis, qu'as-tu fait de cette France si brillante? Où sont nos trésors, les millions de l'Italie, de l'Europe entière? Qu'as-tu fait, non pas de cent mille, mais de cinq millions de Français que nous connaissions tous, nos parents, nos amis, nos frères? Cet état de choses ne peut durer ; il nous a plongé dans un affreux despotisme.

« Tu voulais la République, et tu nous a apporté l'esclavage. Nous, nous voulons la monarchie assise sur les bases de l'égalité de droit, de la morale, de la liberté civile, de la tolérance politique et religieuse. Nous l'as-tu donnée, cette monarchie? Qu'as-tu fait pour nous? Que devons-nous à ton règne? Qui est-ce qui a assassiné le duc d'Enghien, torturé Pichegru, banni Moreau, chargé de chaînes le Souverain Pontife, enlevé les princes d'Espagne, commencé une guerre impie? C'est toi.

« Qui est-ce qui a perdu nos colonies, anéanti notre commerce, ouvert l'Amérique aux Anglais, corrompu nos mœurs, enlevé les enfants aux mères, désolé les familles, ravagé le monde, brûlé plus de mille lieues de pays, inspiré l'horreur du nom français à toute la terre? C'est toi.

« Qui est-ce qui a exposé la France à la peste, à l'invasion, au démembrement, à la conquête? C'est encore toi.

« Voilà ce que tu n'as pu demander au Directoire, et ce que nous te demandons aujourd'hui. Combien es-tu plus coupable que ces hommes que tu ne trouvais pas dignes de régner! Mais un roi légitime et héréditaire, qui aurait accablé son peuple de la moindre partie des maux que tu nous as faits, eût mis son trône en péril; et toi, usurpateur et étranger, tu nous deviendrais sacré en raison des calamités que tu as répandues sur nous ! Tu régnerais encore au milieu de nos tombeaux !

« Nous rentrons enfin dans nos droits par le malheur ; nous ne voulons plus adorer Moloch ; tu ne dévoreras plus nos enfants ; nous ne voulons plus de ta conscription, de ta police, de ta censure, de tes fusillades nocturnes, de ta tyrannie. Ce n'est pas seulement nous, c'est le genre humain qui t'accuse. Il nous demande la vengeance au nom de la religion, de la morale et de la liberté.

« Où n'as-tu pas répandu la désolation? Dans quel coin du monde une famille obscure a-t-elle échappé à tes ravages? L'Espagnol dans ses montagnes, l'Illyrien dans ses vallées, l'Italien sous son beau soleil, l'Allemand, le Russe, le Prussien, dans ses villes en cendres, te redemandent leurs fils que tu as égorgés, la tente, la cabane, le château, le temple où tu as porté la flamme.

« Tu les as forcés de venir chercher parmi nous ce que tu leur as ravi et reconnaître dans tes palais leur dépouille ensanglantée. La voix du monde te déclare le plus grand coupable qui ait jamais paru sur la terre ; car ce n'est pas sur des peuples barbares et sur des nations dégénérées que tu as versé tant de maux ; c'est au milieu de la civilisation, dans un siècle de lumière, que tu as voulu régner par le glaive d'Attila et les maximes de Néron. »

C'est une belle page de littérature; mais que d'injustices dans cette rhétorique éloquente, que de partialité dans ce réquisitoire politique !

Chateaubriand s'en excusait lui-même plus tard ; il écrivait en 1828 : « Je parlerai maintenant de l'écrit placé dans les *Mélanges historiques*. Louis XVIII voulait bien dire que cet écrit lui avait valu une armée. Bonaparte est jugé avec rigueur dans cet opuscule *approprié aux besoins de l'époque*. A cette époque de trouble et de passions les paroles ne pouvaient être rigoureusement pesées : il s'agissait moins d'écrire que d'agir ; c'était une bataille qu'il fallait gagner ou perdre dans l'opinion... »

Retenons cet aveu : il est honorable pour l'écrivain qui reconnaît les excès où la passion politique l'a entraîné et s'en repent.

« En 1814, ajoute Chateaubriand, j'ai peint *Bonaparte et les Bourbons ;* en 1827, j'ai tracé le parallèle de *Washington et de Bonaparte ;* mes deux plâtres de Napoléon ressemblent ; mais l'un a été coulé sur la vie, l'autre modelé sur la mort, et la mort est plus vraie que la vie. »

Je relis avec plaisir ce parallèle de *Washington et Bonaparte ;* en voici les principaux passages :

« Lorsque j'arrivai à Philadelphie, le grand Washington n'y était pas. Je fus obligé de l'attendre une quinzaine de jours : il revint. Je le vis passer dans une voiture qu'emportaient avec rapidité quatre chevaux fringants, conduits à grandes guides. Washington, d'après mes idées d'alors, était nécessairement Cincinnatus ; Cincinnatus en carrosse dérangeait un peu ma république de l'an de Rome 296. Le dictateur Washington pouvait-il être autre chose qu'un rustre piquant un bœuf de l'aiguillon et tenant le manche de sa charrue? Mais quand j'allai porter ma lettre de recommandation à ce grand homme, je retrouvai la simplicité du vieux Romain.

« Une petite maison dans le genre anglais, ressemblant aux maisons voisines, était le palais du président des États-Unis ; point de garde, pas même de valets. Je frappai : une jeune servante ouvrit. Je lui demandai si le général était chez lui ; elle me répondit qu'il y était. Je répliquai que j'avais une lettre à lui remettre. La servante me demanda mon nom, difficile à prononcer en anglais, et qu'elle ne put retenir. Elle me dit alors doucement : *Walk in, sir* « Entrez, Monsieur » ; et elle marcha devant moi dans un de ces étroits corridors qui servent de vestibule aux maisons anglaises : elle m'introduisit dans un parloir, où elle me pria d'attendre le général.

« Je n'étais pas ému. La grandeur de l'âme ou celle de la fortune ne m'imposent point : j'admire la première sans être écrasé ; la seconde m'inspire plus de pitié que de respect. Visage d'homme ne me troublera jamais.

« Au bout de quelques minutes le général entra. C'était un homme d'une grande taille, d'un air calme et froid plutôt que noble : il est ressemblant dans ses gravures. Je lui présentai ma lettre en silence ; il l'ouvrit, courut à la signature, qu'il lut tout haut avec exclamation : « Le colonel Armand ! » C'était ainsi qu'il appelait et qu'avait signé le marquis de la Rouairie.

« Nous nous assîmes ; je lui expliquai, tant bien que mal, le motif de mon voyage. Il me répondait par monosyllabes français ou anglais et m'écoutait avec une sorte d'étonnement. Je m'en aperçus, et je lui dis avec un peu de vivacité : « Mais il est moins difficile de découvrir le passage du nord-ouest que de créer un peuple comme vous l'avez fait. » *Well, well, young man!* s'écria-t-il, en me tendant la main. Il m'invita à dîner pour le jour suivant, et nous nous quittâmes.

« Je fus exact au rendez-vous : nous n'étions que cinq ou six convives. La conversation roula presque entièrement sur la Révolution française. Le général nous montra une clef de la Bastille : ces clefs de la Bastille étaient des jouets assez niais qu'on se distribuait alors dans les deux mondes. Si Washington avait vu, comme moi, dans les ruisseaux de Paris, le *vainqueur de la Bastille*, il aurait eu moins de foi dans sa relique. Le sérieux et la force de la Révolution n'étaient pas dans ces orgies sanglantes. Lors de la révocation de l'Édit de Nantes, en 1685, la même populace du faubourg Saint-Antoine démolit le temple protestant à Charenton avec autant de zèle qu'elle dévasta l'église de Saint-Denis, en 1793.

« Je quittai mon hôte à dix heures du soir, et je ne l'ai jamais revu ; il partit le lendemain pour la campagne, et je continuai mon voyage.

« Telle fut ma rencontre avec cet homme qui a affranchi tout un monde. Washington est descendu dans la tombe avant qu'un peu de bruit se fût attaché à mes pas ; j'ai passé devant lui comme l'être le plus inconnu ; il était dans tout son éclat, et moi dans toute mon obscurité. Mon nom n'est peut-être pas demeuré un jour entier dans sa mémoire. Heureux pourtant que ses regards soient tombés sur moi ! Je m'en suis senti échauffé le reste de ma vie : il y a une vertu dans les regards d'un grand homme.

« J'ai vu depuis Bonaparte : ainsi la Providence m'a montré les deux personnages qu'elle s'était plu à mettre à la tête des destinées de leur siècle.

« Si l'on compare Washington et Bonaparte homme à homme, le génie du premier semble d'un vol moins élevé que celui du second. *Washington n'appartient pas, comme Bonaparte, à cette race des Alexandre et des César, qui dépasse la stature de l'espèce humaine*. Rien d'étonnant ne s'attache à sa personne ; il n'est point placé sur un vaste théâtre ; il n'est point aux prises avec les capitaines les plus habiles et les plus puissants monarques du temps ; il ne traverse point les mers ; il ne court point de Memphis à Vienne et de Cadix à Moscou ; il se défend avec une poignée de citoyens sur une terre sans souvenirs et sans célébrité, dans le cercle étroit des foyers domestiques. Il ne livre point de ces combats qui renouvellent les triomphes sanglants d'Arbelles et de Pharsale ; il ne renverse point les trônes pour en recomposer d'autres avec leurs débris ; *il ne met point le pied sur le cou des rois* ; il ne leur fait point dire, sous les vestibules de son palais :

« *Qu'ils se font trop attendre et qu'Attila s'ennuie.*

« Quelque chose de silencieux enveloppe les actions de Washington ; il agit avec lenteur : on dirait qu'il se sent le mandataire de la liberté de l'avenir et qu'il craint de la compromettre. Ce ne sont pas ses destinées que porte ce héros d'une nouvelle espèce, ce sont celles de son pays ; il ne se permet pas de jouer ce qui ne lui appartient pas. Mais de cette profonde obscurité quelle lumière va jaillir ! Cherchez les bois inconnus où brilla l'épée de Washington, qu'y trouverez-vous? des tombeaux? non, un monde ! Washington, a laissé les États-Unis pour trophée sur son champ de bataille.

« Bonaparte n'a aucun trait de ce grave Américain : il combat sur une vieille terre, environné d'éclat et de bruit ; il ne veut créer que sa renommée ; il ne se charge que de son propre sort. Il semble savoir que sa mission sera courte, que le torrent qui descend de si haut s'écoulera promptement. Il se hâte de jouir et d'abuser de sa gloire comme d'une jeunesse fugitive. A l'instar des dieux d'Homère il veut arriver en quatre pas au bout du monde; il paraît sur tous les rivages ; il inscrit précipitamment son nom dans les fastes de tous les peuples et jette en courant des couronnes à sa famille et à ses soldats ; il se dépêche dans ses monuments, dans ses lois, dans ses victoires. Penché sur le monde, d'une main il terrasse les rois, de l'autre il abat le géant révolutionnaire ; mais en écrasant l'anarchie il étouffe la liberté, et finit par perdre la sienne sur son dernier champ de bataille.

« *Chacun est récompensé selon ses œuvres : Washington élève une nation à l'indépendance : magistrat retiré il s'endort paisiblement sous son toit paternel, au milieu des regrets de ses compatriotes et de la vénération de tous les peuples.*

« Bonaparte ravit à une nation son indépendance : empereur déchu, il est précipité dans l'exil, où la frayeur de la terre ne le croit pas encore assez emprisonné sous la garde de l'Océan. Tant qu'il se débat contre la mort, faible et enchaîné sur un rocher, l'Europe n'ose déposer les armes. Il expire : cette nouvelle, publiée à la porte du palais devant laquelle le conquérant avait fait proclamer tant de funérailles, n'arrête ni n'étonne le passant : qu'avaient à pleurer les citoyens !

« La république de Washington subsiste, l'empire de Bonaparte est détruit : il s'est écroulé entre le premier et le second voyage d'un Français qui a trouvé une nation reconnaissante là où il avait combattu pour quelques colons opprimés.

« Washington et Bonaparte sortirent du sein d'une république : nés tous deux de la liberté, le premier lui a été fidèle, le second l'a trahie. Leur sort, d'après leur choix, sera différent dans l'avenir.

« Le nom de Washington se répandra avec la liberté d'âge en âge ; il marquera le commencement d'une nouvelle ère pour le genre humain.

« Le nom de Bonaparte sera redit aussi par les générations futures ; mais il ne se rattachera à aucune bénédiction et servira souvent d'autorité aux oppresseurs, grands ou petits.

« Washington a été tout entier le représentant des besoins,

des idées, des lumières, des opinions de son époque ; il a secondé, au lieu de contrarier, le mouvement des esprits ; il a voulu ce qu'il devait vouloir, la chose même à laquelle il était appelé : de là la cohérence et la perpétuité de son ouvrage. Cet homme, qui frappe peu, parce qu'il est naturel et dans des proportions justes, a confondu son existence avec celle de son pays ; sa gloire est le patrimoine commun de la civilisation croissante ; sa renommée s'élève comme un de ces sanctuaires où coule une source intarissable pour le peuple.

« Bonaparte pouvait enrichir également le domaine public : il agissait sur la nation la plus civilisée, la plus intelligente, la plus brave, la plus brillante de la terre. *Quel serait aujourd'hui le rang occupé par lui dans l'univers, s'il eût joint la magnanimité à ce qu'il avait d'héroïque, si, Washington et Bonaparte à la fois, il eût nommé la liberté héritière de sa gloire !*

« *Mais ce géant démesuré ne liait point complètement ses destinées à celles de ses contemporains : son génie appartenait à l'âge moderne, son ambition était des vieux jours ; il ne s'aperçut pas que les miracles de sa vie dépassaient de beaucoup la valeur d'un diadème et que cet ornement gothique lui siérait mal.* Tantôt il faisait un pas avec le siècle, tantôt il reculait vers le passé ; et, soit qu'il remontât ou suivît le cours du temps, par sa force prodigieuse il entraînait ou repoussait les flots. Les hommes ne furent à ses yeux qu'un moyen de puissance ; aucune sympathie ne s'établit entre leur bonheur et le sien. Il avait promis de les délivrer, et il les enchaîna ; il s'isola d'eux ; ils s'éloignèrent de lui. Les rois d'Égypte plaçaient leurs pyramides funèbres non parmi les campagnes florissantes, mais au milieu des sables stériles ; ces grands tombeaux s'élèvent comme l'éternité dans la solitude : Bonaparte a bâti, à leur image, le monument de sa renommée.

« Ceux qui, ainsi que moi, ont vu le conquérant de l'Europe et le législateur de l'Amérique, détournent aujourd'hui les yeux de la scène du monde : quelques histrions, qui font pleurer ou rire, ne valent pas la peine d'être regardés. »

CHAPITRE XI

LE FILS DE LA RÉVOLUTION

Bonaparte et Cromwell. — Sa vie appartient a l'Histoire, sa mort a la Poésie. — Il n'y a de plus grand que lui que la Liberté.

Le jugement de Chateaubriand sur Napoléon est déjà plus équitable dans les lignes qu'on vient de lire : *Chateaubriand avoue que Bonaparte est un géant.* Il y avait autre chose encore que Chateaubriand, malgré l'envergure de son esprit, ne voyait pas dans Napoléon ; c'est que la Révolution française, cette formidable explosion de la conscience humaine pour affirmer les Droits de l'homme par un coup de tonnerre sans précédent, cette Révolution qui bouleversa la société, les idées, les gouvernements, remua et agita la France comme une trombe ferait d'un lac, mettant les boues et la vase à la surface, cette Révolution où le meilleur toucha le pire, où l'héroïsme et la vertu coudoyèrent la bassesse et le crime, où les plus nobles intelligences furent accouplées aux plus infâmes scélérats, cette Révolution enfin, qui a éclairé le monde comme un flambeau et qui dégénéra en une anarchie que Napoléon sut dompter, elle s'était incarnée dans Bonaparte lui-même, elle avait nourri son esprit et sa moëlle, il en était la créature et la chose, il en était l'instrument inconscient même dans son despotisme, dans ses rêves, dans ses projets immenses, c'est la Révolution française, l'âme de cette Révolution qui inspirait Napoléon Bonaparte et qui divaguait et délirait avec lui dans la démence de la toute puissance impériale.

Chateaubriand a encore reparlé de Napoléon dans son *Essai sur la littérature anglaise* : il l'a comparé à Cromwell et il l'a fait avec une grande élévation de langage :

« Délivrée des mains rustiques, la révolution tomba dans des mains guerrières : Bonaparte se jeta sur elle, et l'enchaîna.

« J'ai déjà mesuré la taille de cet homme extraordinaire à celle de Whashington ; il reste à dire si Napoléon trouva son pendant en Angleterre dans le Protecteur.

« Cromwell eut du prêtre, du tyran et du grand homme : son génie remplaça pour son pays la liberté. Il avait trop d'énergie pour parvenir à créer une autre puissance que la sienne ; il ruina les institutions qu'il rencontra ou qu'il voulut donner, comme Michel-Ange brisait le marbre sous son ciseau.

« Transporté sur le théâtre de Napoléon, le vainqueur des Irlandais et des Écossais aurait-il été le vainqueur des Autrichiens, des Prussiens et des Russes? Cromwell n'a pas créé des institutions comme Bonaparte ; il n'a pas laissé un code et une administration par qui la France et une partie de l'Europe sont encore régies. Napoléon réagit avec une force outrée, mais il avait pour excuse la nécessité de tuer le désordre : son bras vigoureux enfonça trop avant son épée et il perça la liberté qui se trouvait derrière l'anarchie.

« Les peuples vaincus ont appelé Napoléon un fléau : les fléaux de Dieu conservent quelque chose de l'éternité et de la grandeur du courroux dont ils émanent : *Ossa arida... dabo vobis spiritum, et vivetis ;* « Ossements arides, je vous « donnerai mon souffle et vous vivrez. » Ce souffle ou cette force s'est manifestée dans Bonaparte tant qu'il a vécu. Né dans une île pour aller mourir dans une île aux limites de trois continents ; jeté au milieu des mers où Camoëns sembla le prophétiser en y plaçant le génie des tempêtes, Bonaparte ne se pouvait remuer sur son rocher que nous n'en fussions avertis par une secousse ; un pas du nouvel

Adamastor à l'autre pôle se faisait sentir à celui-ci. Si Napoléon, échappé aux mains de ses geôliers, se fût retiré aux États-Unis, ses regards, attachés sur l'Océan, auraient suffi pour troubler les peuples de l'ancien monde. Sa seule présence sur le rivage américain de l'Atlantique eût forcé l'Europe à camper sur le rivage opposé.

« Quand Napoléon quitta la France une seconde fois, on prétendit qu'il aurait dû s'ensevelir sous les ruines de sa dernière bataille. Lord Byron, dans son ode satirique contre Napoléon disait :

> To die a prince — or live a slave
> Thy choice is most ignobly brave.

« Mourir prince ou vivre esclave, ton choix est ignoblement brave. »

« C'était mal juger la force de l'espérance dans une âme accoutumée à la domination et brûlante d'avenir. *Lord Byron crut que le dictateur des rois avait abdiqué sa renommée avec son glaive, qu'il allait s'éteindre oublié : lord Byron aurait dû savoir que la destinée de Napoléon était une muse, comme toutes les grandes destinées ; cette muse sut changer un dénoûment avorté dans une péripétie qui renouvelait et rajeunissait son héros.* La solitude de l'exil et de la tombe de Napoléon a répandu sur une mémoire éclatante une autre sorte de prestige. Alexandre ne mourut point sous les yeux de la Grèce ; il disparut dans les lointains pompeux de Babylone. Bonaparte n'est point mort sous les yeux de la France ; il s'est perdu dans les fastueux horizons des zones torrides. *L'homme d'une réalité si puissante s'est évaporé à la manière d'un songe ; sa vie, qui appartenait à l'histoire, s'est exhalée dans la poésie de sa mort.* Il dort à jamais, comme un ermite ou comme un paria, sous un saule, dans un étroit vallon entouré de rochers escarpés, au bout d'un sentier désert. La grandeur du silence qui le presse égale l'immensité du bruit qui l'environna. Les nations sont absentes ; leur foule s'est retirée. L'oiseau des tropiques, *attelé*, dit magnifiquement Buffon *au char du soleil*, se précipite de l'astre de la lumière et se repose seul un moment sur des cendres dont le poids a fait pencher le globe.

« Bonaparte traversa l'océan pour se rendre à son dernier exil ; il s'embarrassait peu de ce beau ciel qui ravit Christophe Colomb, Vasco et Camoëns. Couché à la poupe du vaisseau, il ne s'apercevait pas qu'au-dessus de sa tête étincelaient des constellations inconnues ; leurs rayons rencontraient pour la première fois ses puissants regards. Que lui faisaient des astres qu'il ne vit jamais de ses bivouacs et qui n'avaient pas brillé sur son empire ! Et néanmoins aucune étoile n'a manqué à sa destinée : la moitié du firmament éclaira son berceau; l'autre était réservée pour illuminer sa tombe. »

Plus tard, dans ses *Mémoires d'Outre-Tombe* (parus en 1849), Chateaubriand revient encore sur Napoléon ; il en parle avec admiration et amertume, il est aigri par les déboires de sa vie politique et peut-être aussi par la conscience d'avoir eu tort de chercher à servir une monarchie qui ne pouvait ni le comprendre ni l'aider à réaliser son idéal. Chateaubriand s'est fait un tort immense lorsqu'il s'est lancé dans la politique avec Louis XVIII : il a défendu des causes qu'il savait mauvaises et perdues d'avance... Il l'a regretté bien fortement lui-même, lorsqu'il s'est vu mettre au rancart par des hommes à l'esprit étroit et aux doctrines surannées, de ceux dont on a dit qu'ils *n'avaient rien appris ni rien oublié.*

Chateaubriand, comme Napoléon, était un génie que ses contemporains ne pouvaient pas comprendre ; et Brunetière, ce critique maniéré et souvent obscur, qui succéda à Gustave Planche sans le faire oublier, a pu dire de lui : *que le jugement de la postérité sur Chateaubriand est encore à prononcer.* J'ajouterai même qu'on ne le connaît presque plus de nos jours et qu'on ne lit que *Ses Martyrs*, son *Atala* et ses *Mémoires*..., et combien peu nombreux ceux qui les lisent ! Mais Chateaubriand mérite beaucoup plus que l'indifférence des générations actuelles et son heure viendra d'être considéré comme un des prophètes les plus inspirés.

J'ai noté, dans ses *Mémoires d'Outre-Tombe*, quelques phrases qui sont bonnes à retenir : il est agréable de voir que Châteaubriand a compris que le seul crime de Napoléon fut de chercher à détruire la liberté :

« Cela ne me suffit pas à moi, je ne m'abaisserai point à cacher ma nation derrière Bonaparte; *il n'a pas fait la France, la France l'a fait.* Jamais aucun talent, aucune supériorité ne m'amènera à consentir au pouvoir qui peut d'un mot me priver de mon indépendance, de mes foyers, de mes amis ; si je ne dis pas de ma fortune et de mon honneur, c'est que la fortune ne me paraît pas valoir la peine qu'on la défende; quant à l'honneur, il échappe à la tyrannie : c'est l'âme des martyrs ; les liens l'entourent et ne l'enchaînent pas ; il perce la voûte des prisons et emporte avec soi tout l'homme.

« Le tort que la vraie philosophie ne pardonnera pas à Bonaparte, c'est d'avoir façonné la société à l'obéissance passive, repoussé l'humanité vers les temps de dégradation morale, et peut-être abâtardi les caractère de manière qu'il serait impossible de dire quand les cœurs commenceront à palpiter de sentiments généreux. La faiblesse où nous sommes plongés vis-à-vis de nous-mêmes et vis-à-vis de l'Europe, notre abaissement actuel, sont la conséquence de l'esclavage napoléonien : il ne nous est resté que les facultés du joug. *Bonaparte a dérangé jusqu'à l'avenir...*

« La mode est aujourd'hui d'accueillir la liberté d'un rire sardonique, de la regarder comme vieillerie tombée en désuétude avec l'honneur. *Je ne suis point à la mode, je pense que sans liberté il n'y a rien dans le monde : elle donne du prix à la vie ;* dussé-je rester le dernier à la défendre, je ne cesserai de proclamer ses droits. Attaquer Napoléon au nom des choses passées, l'assaillir avec des idées mortes, c'est lui préparer de nouveaux triomphes. *On ne le peut combattre qu'avec quelque chose de plus grand que lui, la liberté :* il s'est rendu coupable envers elle, et par conséquent envers le genre humain.

« Bonaparte n'est plus le vrai Bonaparte, c'est une figure légendaire composée des lubies du poète, des devis du soldat et des contes du peuple : c'est le Charlemagne et l'Alexandre des épopées du Moyen Age que nous voyons aujourd'hui.

Ce héros fantastique restera le personnage réel ; les autres portraits disparaîtront. Bonaparte appartenait si fort à la domination absolue, qu'après avoir subi le despotisme de sa personne il nous faut subir le despotisme de sa mémoire. Ce dernier despotisme est plus dominateur que le premier : car, si l'on combattit Napoléon alors qu'il était sur le trône, il y a consentement universel à accepter les fers que mort il nous jette. *Il est un obstacle aux événements futurs.* »

L'ivresse du pouvoir absolu, les abominables flatteries des courtisans, une trop longue série de chances invraisemblables, de succès inouïs, la foi aveugle dans son étoile, tout cela devait fatalement monter à la tête d'un homme qui avait accoutumé de dire que l'impossible n'existait pas, troubler son cerveau et l'amener à être le propre artisan de sa chûte par la disproportion de ses entreprises et de ses moyens. Au faîte de sa prospérité et de sa fortune, Napoléon fut ébloui par sa propre gloire ; il était monté si haut qu'il fut pris du vertige et devint « *l'homme hypnotisé par sa destinée* !

Napoléon était *fataliste :* il avait vu la mort de trop près sur les champs de bataille pour savoir que nul n'échappe à son destin : tel soldat qui quitte une place pour se soustraire aux balles tombe en fuyant sous les balles, tel autre qui s'avance à l'endroit le plus dangereux ne reçoit pas une égratignure. L'homme doit travailler, lutter, chercher le succès dans ses entreprises par tous les efforts qu'il est humainement possible de faire, mais il ne doit pas oublier « qu'il s'agite et que Dieu le mène ». Il réussit quand la destinée le veut ainsi..., et nul ne peut pénétrer les desseins de Dieu. C'est le fatalisme de l'Arabe, c'était celui de Napoléon Bonaparte : c'est celui de tous ceux qui ne sont pas de simples athées.

CHAPITRE XII

BONAPARTE ET LA FATALITÉ

Le Destin est immuable. — Victor Hugo et Waterloo. — Une leçon d'A. Thiers. — Napoléon fut un génie universel. — Nul n'a connu tous ses rêves. — L'Histoire lui a rendu justice, l'avenir lui donnera raison.

La Fatalité ? A quoi servirait-il de nier l'intervention de la Fatalité dans la vie de Napoléon ? Est-ce que toute sa carrière n'est pas la preuve éclatante d'une influence surnaturelle ? Il faut croire à la Fatalité ; chaque homme a sa destinée et il l'accomplit bon gré mal gré ; les erreurs, les fautes, lorsqu'elles sont vénielles et sans intérêt pour l'humanité en général, peuvent être évidemment attribuées au plus ou moins de clairvoyance, de bon sens, d'intelligence, de vice ou de vertu de chaque être en particulier ; mais combien de fautes ne voyons-nous pas souvent se transformer en actes heureux pour certains hommes ? Ce qui devait les perdre les fait réussir : on dit qu'ils ont de la chance ! Est-ce que la chance, à ce compte-là, ne jouerait pas un rôle immense dans la vie humaine ? Eh ! bien, je dis avec les Arabes, avec Napoléon lui-même, que la chance, la veine, le bonheur, la fortune, le hasard, la malechance, le malheur, la guigne ne sont que des formes diverses auxquelles nous donnons des noms divers d'une seule et unique loi de la Nature et de la Providence, loi qui est la volonté divine, que les Grecs appelaient le Destin et qui s'appelle aussi la Fatalité. Nous avons tous notre destinée, écrite immuablement, avant notre naissance, dans le grand livre de Dieu et nul ne peut la changer ou la faire dévier. Heureusement que nul ne la connait ni ne peut la connaître avant le terme de sa vie !

Nul n'a indiqué plus éloquemment que Victor-Hugo le rôle de la Fatalité dans la vie de Napoléon Ier. A propos de Waterloo, il écrivait :

« Était-il possible que Napoléon gagnât cette bataille? Nous répondons non. Pourquoi? à cause de Wellington? à cause de Blucher? Non. A cause de Dieu.

« Bonaparte vainqueur à Waterloo, ceci n'était plus dans la loi du XIXe siècle. Une autre série de faits se préparait, où Napoléon n'avait plus de place. La mauvaise volonté des événements s'était annoncée de longue date.

« Il était temps que cet homme vaste tombât.

« L'excessive pesanteur de cet homme dans la destinée humaine troublait l'équilibre. Cet individu comptait à lui seul plus que le groupe universel. Ces pléthores de toute la vitalité humaine concentrée dans une seule tête, le monde montant au cerveau d'un homme, cela serait mortel à la civilisation, si cela durait. Le moment était venu pour l'incorruptible équité suprême d'aviser. Probablement les principes et les éléments, d'où dépendent les gravitations régulières, dans l'ordre moral comme dans l'ordre matériel, se plaignaient. Le sang qui fume, le trop-plein des cimetières, les mères en larmes, ce sont des plaidoyers redoutables. Il y a, quand la terre souffre d'une surcharge, de mystérieux gémissements de l'ombre, que l'abîme entend. Napoléon avait été dénoncé dans l'infini, et sa chûte était décidée. Il gênait Dieu. Waterloo n'est point une bataille ; c'est le changement de front de l'univers. »

A. Thiers, dans les dernières lignes de son « *Consulat et Empire* », a résumé magistralement l'enseignement qu'il faut déduire de cette vie qui restera comme un phare éternel dans la mémoire des peuples :

« Et, comme citoyens enfin, tirons de sa vie une dernière et mémorable leçon, *c'est que, si grand, si sensé, si vaste que soit le génie d'un homme, jamais il ne faut lui livrer complètement les destinées d'un pays.* Certes, nous ne sommes pas de ceux qui reprochent à Napoléon d'avoir dans la journée du 18 brumaire arraché la France aux mains du Directoire, entre lesquelles peut-être elle eût péri : mais de ce qu'il fallait la tirer de ces mains débiles et corrompues, ce n'était pas une raison pour la livrer tout entière aux mains puissantes mais téméraires du vainqueur de Rivoli et de Marengo. Sans doute, si jamais une nation eut des excuses pour se donner à un homme, ce fut la France lorsqu'en 1800 elle adopta Napoléon pour chef ! Ce n'était pas une fausse anarchie dont on cherchait à faire peur à la nation pour l'enchaîner. Les horreurs des temps barbares avaient tout à coup reparu au sein de la civilisation épouvantée, et même, après que ces horreurs étaient loin, la Révolution française ne cessait d'osciller entre les bourreaux auxquels on l'avait arrachée et les émigrés aveugles qui voulaient la faire rétrograder à travers le sang vers un passé impossible, tandis que sur ce chaos se montrait menaçante l'épée de l'étranger ! A ce moment, revenait de l'Orient un jeune héros plein de génie, qui partout vainqueur de la nature et des hommes, sage, modéré, religieux, semblait né pour enchanter le monde ! Jamais assurément on ne fut plus excusable de se confier à un homme, car jamais terreur ne fut moins simulée que celle qu'on fuyait, car jamais génie ne fut plus réel que celui auprès duquel on cherchait un refuge ! Et cependant après quelques années, *ce sage devenu fou*, fou d'une autre folie que celle de 93, mais non moins désastreuse, immolait un million d'hommes sur les champs de bataille, attirait l'Europe sur la France qu'il laissait vaincue, noyée dans son sang, dépouillée du fruit de vingt ans de victoires, désolée en un mot et n'ayant pour refleurir que les germes de la civilisation moderne déposés dans son sein. *Qui donc eût pu prévoir que le sage de 1800 serait l'insensé de 1812 et de 1813?* Oui, on aurait pu le prévoir, en se rappelant *que la toute-puissance porte en soi une folie incurable* la tentation de tout faire quand on peut tout faire, même le mal après le bien. Ainsi, dans cette grande vie où il y a tout à apprendre pour les militaires, les administrateurs, les politiques, que les citoyens viennent à leur tour apprendre une chose, c'est qu'il ne faut jamais livrer la patrie à un homme, n'importe l'homme, n'importent les circonstances ! »

Et Thiers, ce grand historien et cet habile homme d'État, ajoutait cette phrase qui devrait rester gravée dans le cœur de tous : « En finissant cette longue histoire de nos triomphes et de nos revers, c'est le dernier cri qui s'échappe de mon cœur, cri sincère que je voudrais faire parvenir au cœur de tous les Français, *afin de leur persuader à tous qu'il ne faut jamais aliéner sa liberté et, pour n'être pas exposé à l'aliéner, n'en jamais abuser !* »

Quel vaste sujet de méditations et d'études pour les penseurs?

Mais, si le dernier mot de la postérité n'a pas encore

été dit sur Châteaubriand, peut-on prétendre qu'il l'ait été sur Napoléon Bonaparte ?

De tous les jugements des contemporains et des écrivains du XIXe siècle, dont mes notes ne donnent qu'une idée, haineux et vindicatifs chez quelques-uns, louangeurs jusqu'à la platitude chez d'autres, partagés entre l'admiration et la critique chez les plus sages, j'ai choisi les plus pondérés et les plus qualifiés par l'autorité de leurs auteurs. Mais, s'il en ressort sans conteste que Bonaparte fut un géant de la race des Alexandre et des César, qu'il marque dans l'histoire des hommes, autant que la Révolution française qui l'a enfanté, le début de l'époque moderne, comment pourrait-on se permettre de prononcer un jugement général sur un tel génie, dont la caractéristique fut *l'universalité* ?

En toutes choses, Napoléon a toujours affirmé qu'il n'avait pu montrer que le commencement de ses projets, qu'il n'avait eu le temps de rien achever, que son règne n'était qu'une suite de tentatives et d'essais. — On m'objectera que tous ceux qui ne réussissent pas ont coutume de dire la même chose, mais cette objection est sotte, elle n'est pas de mise quand il s'agit d'un Napoléon Bonaparte ! A l'homme qui a fait ce qu'il a fait, qui a été le plus grand des capitaines, le plus sage des législateurs, le plus habile des administrateurs, à celui qui mérite le titre de *génie des temps modernes*, on ne pourrait attribuer sans honte une telle petitesse : non, il faut croire Napoléon, lorsqu'il répète à Sainte-Hélène, que la destinée ne lui a pas permis de remplir tout le rôle qu'il s'était tracé, d'exécuter ses immenses projets et de transformer le monde selon ses desseins secrets ! On doit, direz-vous, juger les hommes selon leurs actes, non selon leurs intentions ; c'est certain, je ne le conteste point; mais, quand les actes sont ceux d'un Napoléon, on peut admettre qu'il ait eu des intentions que nous ne connaissons pas, car il n'a pas révélé tous ses projets, il ne les a révélés ni à Gourgaud, ni à Las Cases, ni à Montholon, car il sentait que ces hommes dévoués ne les auraient pas compris ; encore moins les aurait-il dit à un Antomarchi, sceptique et léger, jeune et inexpérimenté?

Ce qu'il y avait dans cette tête sublime, cette tête, qui fut considérée après sa mort par les savants comme « la plus vaste, la mieux conformée dont la science anatomique ait constaté l'existence », qui donc le saura jamais? Qui donc nous le dira?

Cet infini de son œuvre, cet inconnu qu'on découvre dans ses intentions et dans les ébauches de ses projets, n'est-ce pas là d'ailleurs ce qui donne encore plus d'attrait à cette grande figure? Lorsqu'on se découvre respectueusement devant le tombeau des Invalides, ce tombeau que son peuple lui a donné avec enthousiasme pour accomplir son dernier vœu d'être enterré sur les bords de la Seine, ce tombeau de marbre qui fait songer aux sphynx d'Égypte, n'est-on pas en droit de penser qu'il y a du merveilleux, du surnaturel, de l'inexpliqué, tout un monde de pensées, de plans, d'idées qui restent aussi mystérieux pour nous que l'avenir même de l'humanité, cet avenir que les yeux les plus perçants ne voient à l'horizon le plus éloigné qu'enveloppé dans les nuages et les chimères de l'insondable.

Napoléon est bien le génie des temps modernes, génie formidable, qui nous force à l'admiration par ses actes, qui nous fait haleter d'angoisse en songeant à sa lutte héroïque contre le Sort, qui suscite au plus haut point la curiosité de tous par les problèmes politiques et sociaux qu'il lègue à l'humanité, problèmes qui sont bien énoncés dans ce que nous savons de ses projets, mais qui attendent leur solution de ces temps modernes où nous vivons, où vivront nos descendants, et qui se dressent devant tous les peuples comme des énigmes redoutables qui contiennent le bonheur ou le malheur futur des habitants du globe terrestre.

Napoléon lui-même, à Sainte-Hélène, écœuré un jour par la lecture du livre d'un historien anglais qui le traitait avec autant de partialité haineuse que d'insolente mauvaise foi, se tournait vers ses fidèles et leur disait simplement :

« Après tout, ils auront beau retrancher, supprimer, mutiler, il leur sera bien difficile de me faire disparaître tout à fait. Un historien français sera pourtant bien obligé d'aborder l'Empire ; s'il a du cœur, il faudra bien qu'il me restitue quelque chose, qu'il me fasse ma part ; et sa tâche sera aisée, car les faits parlent, ils brillent comme le soleil.

« J'ai refermé le gouffre anarchique et j'ai débrouillé le chaos ; j'ai dessouillé la révolution, ennobli les peuples, et raffermi les rois. J'ai excité toutes les émulations, récompensé tous les mérites et reculé les limites de la gloire. Tout cela est bien quelque chose. Et puis, sur quoi pourrait-on m'attaquer, qu'un historien ne puisse me défendre ? Serait-ce sur mes intentions ? Mais il est en fonds pour m'absoudre. Mon despotisme ? mais il démontrera que la dictature était de toute nécessité. Dira-t-on que j'ai gêné la liberté ? Mais il prouvera que la licence, l'anarchie, les grands désordres étaient encore au seuil de la porte.

« M'accusera-t-on d'avoir trop aimé la guerre ? Mais il montrera que j'ai toujours été attaqué ; d'avoir voulu la monarchie universelle ? mais il fera voir qu'elle ne fut que l'œuvre fortuite des circonstances, que ce furent nos ennemis eux-mêmes qui m'y conduisirent pas à pas. Enfin, sera-ce mon ambition ? Ah ! sans doute, il m'en trouvera, et beaucoup ; mais de la plus grande et de la plus haute qui fût peut-être jamais : *celle d'établir, de consacrer enfin l'empire de la raison, et le plein exercice, l'entière jouissance de toutes les facultés humaines ! Et ici l'historien peut-être se trouvera-t-il réduit à devoir regretter qu'une telle ambition n'ait pas été accomplie, satisfaite !... »*

Ainsi s'exprimait Napoléon... et l'histoire lui a donné pleinement raison. Aujourd'hui le monde entier est ébloui par sa gloire, il a des admirateurs sur tous les points du globe, des amis fidèles partout : on lui consacre des volumes en Amérique comme en Océanie, les historiens du vieux continent le révèrent, les écrivains et le peuple anglais l'admirent comme un demi-dieu et rougissent de l'inhumaine barbarie de lord Bathurst et d'Hudson Lowe ; son portrait, son image, son buste en plâtre ou en marbre, les reproductions de ses statues et de ses tableaux sont dans toutes les vitrines des boutiques des deux mondes... et ce n'est pas en Allemagne, en Angleterre, en Russie qu'il est le moins populaire : il est plus vivant, plus puissant, plus respecté dans la mémoire des peuples qui l'ont combattu que dans celle de la France elle-même! L'Europe a eu le remords de sa lutte acharnée contre lui ; elle a conscience maintenant d'avoir méconnu ce génie immense...

Il est une justice immanente

TROISIÈME PARTIE
———

Le Songe
d'une Nuit d'hiver

CHAPITRE XIII

L'OMBRE DU GRAND EMPEREUR

Brusque réveil. — A travers Moscou en flammes. — Le Kremlin me sert de refuge. — Silence et solitude. — La chaleur du poêle aux faiences persanes. — Napoléon se dresse dans son fauteuil. — Tout ce que j'ai fait, dit l'Empereur, je l'ai fait pour la France.

A quelle heure me suis-je couché? Vers dix heures, autant que je puis m'en souvenir... Je n'avais que très légèrement dîné, d'un potage et de deux œufs à la coque, que j'avais fait monter chez moi, pour ne pas avoir la peine de m'habiller et d'aller au restaurant. La fatigue d'un long voyage en chemin de fer, d'une matinée employée à marcher, à visiter les églises et les palais du Kremlin, me donnait une grande envie de me coucher et de dormir. La tête pleine des souvenirs de Napoléon, que j'avais évoqués le matin, des notes que j'avais relues et méditées durant l'après-midi, je revivais mentalement l'épopée impériale, l'entrée à Moscou, l'incendie, la chûte de l'aigle...

Je me mis au lit et ne tardai pas à être plongé dans un lourd et profond sommeil.

. . . .

Où suis-je? Comment se fait-il qu'il y ait de la lumière dans ma chambre? Et d'où vient cette clarté rouge qui embrase les rideaux de ma fenêtre? Je saute du lit, je me précipite...

Dieux! Quelles lueurs aveuglantes et sinistres, quelle fumée pleine d'étincelles!... Mais, c'est le feu, c'est l'incendie qui surgit ainsi, qui ensanglante la neige, qui empourpre et illumine les murailles de la ville chinoise ! Moscou brûle encore... Est-ce possible? Je suis envahi par une terreur grandissante ; je m'habille à la hâte, je passe mes galoches sur mes souliers, je revêts ma pelisse et mon bonnet de fourrure et je sors, je sors en courant pour aller... pour aller je ne sais où !

Les couloirs de l'hôtel sont vides, déserts ; personne dans les escaliers, ni dans le vestibule, pas de portier à la porte... Et tout est ouvert !

Quelle heure est-il? Je ne songe même pas à le regarder à ma montre, Dehors, c'est la nuit complète, mais il fait clair ; Moscou brûle, on dirait d'un immense feu de Bengale rouge... Sur la neige écarlate je ne vois pourtant personne. Serais-je seul dans Moscou? M'aurait-on abandonné?

Je marche précipitamment, je marche droit devant moi, comme poussé par un instinct auquel rien ne saurait résister. Je refais machinalement le chemin que je fis le matin en traîneau... Je passe sous la porte d'Iversky, je traverse la place Rouge.

Le Kremlin se dresse en face de moi, plus sombre, plus grave, plus solennel que jamais : le feu l'a épargné, il n'y a pas trace d'incendie dans l'enceinte sacrée.

J'y pénètre par la porte Spassky... me voici sur la place des Cathédrales, je gravis les degrés de l'escalier rouge...

Personne, toujours personne ! Sur le palier de l'escalier, tout est désert et silencieux, une porte est là... c'est la porte qui donne sur le vestibule sacré et qui conduit à l'escalier du Térem. N'est-elle pas fermée ? On m'a dit ce matin qu'on ne l'ouvrait que lors du couronnement des Tzars et pour que les souverains puissent aller à la cathédrale Ouspenzky... Pourtant je n'hésite pas, je la pousse résolument, elle résiste à peine, elle tourne doucement sur ses gonds, sans un bruit.

Où vais-je ? Que dirait-on si on me trouvait, seul, la nuit, dans le palais du vieux Kremlin, me promenant ainsi ? Mais il n'y a personne, pas une âme qui vive ici... Et Moscou brûle !

Cette idée me hante, Moscou est en flammes. C'est dans ce palais des anciens Tzars que je trouverai asile et refuge... D'ailleurs que me fera-t-on si on me rencontre ici ? N'ai-je pas une excuse, cette excuse majeure de chercher à me sauver ? Je ne suis pas un malfaiteur, je ne veux rien dégrader, rien voler ici...

Je repousse la porte qui donne sur l'escalier rouge, je la referme, je monte doucement l'escalier du Térem. Il me semble que je glisse légèrement sur les marches, que je m'envole à ras de terre ; sensation étrange, à la fois douce et pénible.

Le silence est absolu, je dirai presque qu'il est religieux. Les bruits du dehors n'arrivent pas ici et je n'entends même pas le bruit de mes pas ; il est vrai que mes galoches de caoutchouc et de feutre les amortissent.

Je traverse la salle du trône du tzar Alexis, j'entre dans la salle à manger. Ces pièces sont dans le même état que je les vis ce matin, aucun meuble n'a bougé de place... Je m'approche d'une fenêtre d'où une clarté blafarde pénètre dans cette pièce voûtée. Toujours le même calme absolu, le même silence sépulcral. Je ferme mes paupières pour accoutumer mes yeux à la pénombre qui règne et je me retourne vers l'intérieur de la pièce. Je garde les yeux fermés ; je compte les ouvrir dans un moment pour voir plus nettement ces pièces historiques.

Mais un bruit sec, semblable au pétillement du feu, vient frapper mes oreilles ; je fais deux pas en avant, j'ouvre les yeux, je regarde... L'incendie viendrait-il jusqu'ici? Non, c'est le grand poêle rond, qui se dresse contre la muraille entre deux portes, c'est ce poêle qui est allumé ; il ronfle même et les bûches dont il est rempli éclatent sous l'action du feu avec des détonations brusques.

Une chaleur bienfaisante se dégage de ce poêle aux faïences persanes vernissées qui représentent des fleurs fantastiques. Il me vient une tentation soudaine d'aller appuyer mes mains gelées contre les parois du poêle et de me réchauffer.

Par quel miracle ce poêle s'est-il allumé? Peut-être ne me suis-je pas aperçu en entrant qu'il l'était. Je suis arrivé si vite, si aveuglé par la réverbération de l'incendie de Moscou sur la neige, que j'ai dû ne pas faire attention à ce détail en entrant. Quoi qu'il en soit d'ailleurs, profitons de ce feu !

Je fais quelques pas vers le poêle... mais que vois-je? Il y a quelqu'un là, quelqu'un assis dans un fauteuil... Ciel ! ce n'est pas une ombre, c'est un homme qui se dessine devant mes yeux, et cet homme... ce petit chapeau, cette redingote grise, ce gilet blanc, ces bottes éperonnées... Mais c'est l'empereur, c'est Napoléon-Bonaparte, c'est *Lui*, qui se lève de son fauteuil, qui se dresse devant moi.

Je reste, figé sur place par la stupeur, mais instinctivement, à la vue du vainqueur d'Austerlitz et d'Iéna, je me raidis, mon bras droit se lève, je porte la main à mon front et je fais le salut militaire...

L'empereur, d'un pas saccadé s'avance et d'une voix sévère : — Que faites-vous ici ?

— Je fuis l'incendie, Sire...

— Quel incendie ? Ah ! oui, toujours ce souvenir, toujours ce cauchemar, qui me poursuit... il semblait se parler à lui-même et me regardait fixement. Etes-vous fou ? Etes-vous un de mes ennemis ? reprit-il avec colère.

— Non, sire, je suis Français...

— Ah ! vous êtes Français ! et sa voix changea, devint calme. C'est bien cela, d'être Français !

Il me regarda encore, marcha vers la fenêtre, revint vers moi, toujours immobile, toujours raide dans l'attitude du salut.

— Ne pourriez-vous me laisser rêver tranquille ici ? Mon âme aime à revoir ces pièces du Kremlin où j'ai gravi mon calvaire. Pourquoi venez-vous m'y troubler dans mes méditations ? C'est ici que j'ai vu les indices de ma chûte, que l'avenir s'est assombri soudainement à mes yeux... Ce que j'ai souffert ici, nul ne le saura jamais. L'âme humaine laisse un peu d'elle-même partout où elle souffre, elle y revient après la mort. Est-ce que vous croyez à l'âme ?

— J'y crois, sire. Je crois en l'Esprit-Saint, en la vie éternelle dans Notre-Seigneur Jésus-Christ.

— Vous avez raison, l'âme est immortelle, car l'âme est un rayon de Dieu, de ce Dieu sublime, créateur de l'univers, que l'humanité vivante ne peut ni entrevoir ni connaître, mais que toute créature adore... même à son insu ! Dieu est plus grand que tout, il contient tout, il voit tout, il entend tout, il régit tout... Je n'ai jamais douté de Dieu, de la puissance divine, et Dieu m'a démontré ici-même le néant des volontés humaines. J'ai voulu devancer ses desseins et forcer la destinée.

Cet incendie, que vous me rappelez, cet incendie fut le premier avertissement du Ciel ! C'est Dieu qui m'a puni de ma témérité !

Il reprit sa marche, la tête basse, la main gauche derrière le dos.

— Allons, dit-il tout-à-coup en se rapprochant de moi et en relevant le front. Abandonnez cette pose, venez là. Asseyez-vous.

J'obéis... et il se mit à rire, d'un rire très franc, très gai, du rire sympathique d'un enfant.

— Vous vous demandez ce qui me fait rire? C'est vous. Vous avez l'air tellement surpris, tellement stupéfait de me voir et de m'entendre que vous me faites rire.

Il s'arrêta, puis continua sur un ton sérieux.

— Soyez sans aucune crainte, je ne vous veux aucun mal... et le voudrais-je d'ailleurs que je ne pourrais rien vous faire ! Je suis une âme, je ne puis donc ni vous toucher ni être touché par vous, car je suis immatériel. Et vous-même, vous ne me voyez et ne m'entendez qu'avec votre âme et vous êtes ici avec votre âme seulement, c'est-à-dire que vous n'y êtes pas plus corporellement que moi et que nous causons purement et simplement d'esprit à esprit, d'âme à âme, sans qu'il y ait rien entre nous des choses de ce monde... Pardon ! je me trompe, les choses de ce monde existent pour vous, car vous vivez encore et votre corps, qui est dans votre lit au chaud, vous attend à l'hôtel. Mais, moi, je suis libre, bien libre maintenant, car mon corps est une guenille que j'ai quittée depuis bien longtemps.

Vous me voyez tel que vos yeux ont accoutumé de voir mon image, parce que vous êtes vivant et qu'une âme de vivant ne peut voir que des choses accessibles aux vivants. Moi, qui ne suis rien qu'une âme, je vous vois sous votre apparence de vivant parce que je ne puis séparer l'image de votre âme de son enveloppe qui est votre corps, mais... quand vous serez mort, je verrai votre âme et votre âme verra la mienne. Félicitez-vous du grand privilège, de l'insigne faveur que vous avez reçue du ciel, de pouvoir, tout en restant vivant, converser avec une âme ; bien rares sont les élus, si nombreux sont les mortels qui sollicitent cette grâce ! Mais que me voulez-vous ?

Je ne répondis rien, tant j'étais suffoqué par ce que j'entendais : du reste, il m'aurait à peine laissé dire un mot, car il reprit de suite.

— Vous m'avez évoqué ce matin dans votre visite à ce palais. Je le sais ; les âmes, délivrées du corps humain, ont le don de tout savoir et de tout connaître, sauf les desseins de Dieu qui restent impénétrables. Je sais donc que vous êtes un fidèle de ma mémoire, que vous me rendez justice et que vous êtes un de mes amis.

Il me semble que je fis à ces mots un mouvement involontaire pour remercier l'empereur par un geste ou une inclination de la tête, mais il m'arrêta net de sa voix impérieuse et ferme.

— C'est bon, je sais ce que je dis. Vous n'êtes pas de ceux qui ferment les yeux et croient en moi comme à un dogme. Vous m'avez critiqué, mais vous m'avez étudié ; vous avez cherché à regarder ma gloire en face, mais vous l'avez fait sans arrière-pensée, sans haine, avec une impartialité absolue, et ma gloire vous a ébloui... Vous m'en voulez d'avoir tué la liberté ? Je vous parlerai de cela plus tard... Vous me reprochez d'avoir eu la folie de la toute-puissance ? Nous y reviendrons aussi.

Mais vous m'aimez quand même, parce que nul autre que moi n'a donné autant de gloire à la France, n'a fait battre aussi fortement le cœur de tous les vrais Français. Je vous connais bien, allez ! Il y a des millions d'hommes comme vous en France et dans le monde.

Ce qui est véritablement grand, véritablement beau, ne peut manquer d'émouvoir et de charmer les âmes nobles, les êtres qui possèdent un cœur. L'héroïsme, le dévouement, le génie ont des éclairs qui frappent la masse des hommes d'admiration et suscitent chez les braves gens une fièvre d'émulation.

On me méconnaît beaucoup en France de nos jours, le peuple a été travaillé par des discours, des livres, des publications de tous genres, où on m'a représenté comme un fléau du genre humain, un génie du mal et de la destruction, le démon de la guerre et du carnage... J'ai eu la douleur de voir un Beauharnais chercher à reprendre de ses mains débiles le sceptre que Dieu m'avait arraché et ternir par ses actes le nom que j'avais laissé si splendide. Aujourd'hui les Français sont trop tentés de ne voir Napoléon Ier qu'à travers Napoléon III. Ils auraient dû comprendre que je ne pouvais pas avoir d'héritier, que je devais rester l'*Unique*. Si le Roi de Rome avait vécu, lui seul aurait eu le droit et le devoir de revendiquer d'être mon continuateur ! Et pourtant je ne crois pas à l'hérédité du génie ; il est souvent triste pour les grands hommes de se regarder dans leurs enfants.

Mais n'importe ! La postérité m'a vengé et me vengera mieux que je l'aurais fait moi-même des calomnies de mes ennemis et de la trahison de ceux qui se sont servis de mon nom pour l'exploiter. Ce peuple français, voyez-vous, ce peuple reste malgré tout le peuple par excellence des gens braves et des braves gens : ceux qui le dépeignent autrement se trompent en cherchant à le dénigrer bassement.

Qu'il y ait de la corruption et de la décadence en France? certes, il y en a dans cette tourbe cosmopolite qui adore le veau d'or et qui met la France en coupe réglée ; mais la race française est encore bien supérieure à toute cette nuée de parasites qui la trompent, la volent et s'enrichissent à ses dépens. Vous aurez encore en France une grande crise salutaire, une terrible secousse politique et sociale qui permettra à la race française de reprendre conscience de ses droits et de revenir aux vertus de ses ancêtres. Je suis sûr que, si j'apparaissais demain sur les Champs-Élysées à la tête de mes vieux grognards, avec les drapeaux d'Austerlitz et de Wagram, avec mes tambours et mes trompettes, tout le peuple se presserait en délire autour de moi pour m'acclamer avec autant d'amour et d'enthousiasme que ses ancêtres. Il m'a aimé ce bon peuple français et il m'aime encore, il aime ma mémoire, parce qu'il sait que nul n'a plus aimé la France que moi, que moi qu'on a appelé l'*étranger !* Moi, l'*étranger !!* pourquoi cette injure infâme ?

Je suis né sur une terre française, et bien française. A-t-on jamais songé à traiter d'étrangers les vaillants soldats, les héros de l'Alsace et de la Lorraine? Corse, oui, je suis né Corse, mais la Corse était française, elle restera toujours française... C'est la seule injure qui m'ait peiné, cette épithète d'étranger !

La France, le dernier mot que j'ai prononcé en mourant, c'est son nom ; ma dernière pensée en mourant a été pour elle. Tout ce que j'ai entrepris et tenté, pendant ma vie, je l'ai entrepris, je l'ai tenté pour elle !

Ne croyez-vous pas que j'aurais pu résister longtemps encore, au lieu de me fier si aveuglément à l'hospitalité de l'Angleterre? Vous savez bien que le peuple et l'armée me suppliaient à Rochefort d'aller rejoindre l'armée de la Loire : mon frère Joseph se joignait à eux et me rapportait les prières, les instances des chefs de l'armée...

Je n'avais qu'un mot à dire, un geste à faire pour me trouver à la tête d'une armée de 80.000 hommes, de 80.000 soldats français... et en France même, dans une région où tout était favorable, j'aurais pu lutter, que dis-je? j'aurais pu vaincre encore et corriger par la guerre les infortunes de la guerre.

Je n'ai pas dit ce mot, je suis monté délibérément à bord du *Bellerophon*, je me suis livré moi-même à l'Angleterre, ma plus cruelle ennemie. Et pourquoi? Simplement parce que j'aimais trop la France pour lui imposer de nouveaux et sanglants sacrifices pour une cause que je sentais perdue.

Si je n'avais voulu lutter que pour moi, que pour obtenir des alliés un traité favorable, une couronne en Illyrie ou en Italie, j'aurais pu le faire. Mais la grande cause de la France était perdue après Waterloo ; le vote de la Chambre des Représentants, celui de la Chambre des Pairs me prouvaient que la France était fatiguée... Le pays avait besoin de repos, avait soif de paix.

Que faire contre la fatalité? C'était elle qui s'exprimait par la bouche de Lafayette et qui me condamnait. Je n'ai pas voulu imposer à la France de défendre une cause qui n'aurait plus été que ma cause personnelle. La France méritait bien que je me sacrifie pour elle : je l'ai fait, je suis allé expier à Sainte-Hélène le crime de l'avoir trop aimée, d'avoir conçu pour elle de trop vastes projets, d'avoir caressé pour elle le rêve d'un avenir trop beau, que dis-je? trop merveilleux pour être réalisé par un seul homme, cet homme fût-il moi !

CHAPITRE XIV

LE CALVAIRE DE NAPOLÉON

Douleur et désespoir. — La confession de Bonaparte. — Jouet de la Destinée. — Fils de la Révolution, j'étais obligé d'exercer la Dictature. — J'ai manqué d'expérience politique. — J'ai voulu aller trop vite. — Voilà mes grandes fautes !

Il s'arrêta de parler. Sa main droite s'appuyait sur son genou droit, son coude reposait sur le bras du fauteuil; il mit son menton dans sa main gauche et sembla s'enfoncer dans une rêverie profonde. Je l'entendis se murmurer à lui-même : « La France pourra-t-elle savoir jamais combien je l'ai aimée ! Un fils peut-il savoir jamais combien l'aima son père !

Il resta quelques minutes ainsi, sans bouger : je n'osais moi-même remuer de crainte de troubler sa tristesse. Soudain il tressaillit de la tête aux pieds, releva la tête et d'un seul coup de sa main droite envoya son petit chapeau au bout de la pièce. Il se leva fébrilement et se mit à marcher à grands pas.

— C'est ici, criait-il — et sa voix était rauque et angoissée — c'est ici que j'ai senti que je luttais contre l'ange et que je sortirais boîteux de la lutte. C'est ici que j'ai compris toute l'inanité de la volonté de l'homme en face des arrêts immuables de Dieu ! Oh ! pourquoi suis-je jamais venu ici? Quelle est la main qui m'a conduit à Moscou? C'est la vôtre, Seigneur. C'est votre justice qui l'a voulu ! Il ne sied point à une âme de se plaindre et je n'ai point à regretter d'avoir été vaincu par vous, ô Dieu, dont la puissance est infinie, mais dont la bonté est sans égale. Qu'importaient mes desseins en face des vôtres qui sont infiniment meilleurs encore !

Sa voix se calmait et redevenait claire et assurée. Il se retourna vers moi et me considéra longuement.

— Ne vous étonnez pas de m'entendre vous parler avec une franchise absolue : je ne suis plus qu'une âme... et les âmes, détachées de leur enveloppe mortelle, connaissent la vérité. D'ailleurs en quoi la vérité pourrait-elle nuire à ma mémoire? Que j'ai commis des fautes? Qui songe à le nier? moi, moins que tout autre !.. Et je vous dirai plus. Ce qui va sans doute vous paraître bien extraordinaire et ce qui est pourtant fort naturel, c'est que, même de mon vivant, même au moment où je commettais les fautes les plus graves, je savais parfaitement que j'agissais maladroitement, que je prenais des résolutions déplorables ; je voyais tous les dangers auxquels je m'exposais et j'avais des pressentiments très nets des malheurs qui allaient fondre sur moi ! Mais la fatalité était là, une force plus puissante que ma volonté même s'imposait à mon esprit : la nuit, je m'éveillais en sursaut et je voyais, vous entendez, je voyais les conséquences de mes actes, je me jurais de prendre des déterminations raisonnables, d'éviter de donner les ordres qui allaient me perdre... et, le lendemain matin, je m'entêtais malgré moi dans mes erreurs, je disais et je faisais ce que je n'aurais pas dû faire. Il me semble, quand je réfléchis à ma vie à partir de 1808, que deux êtres, deux individus bien tranchés, étaient logés dans ma peau, l'un clairvoyant et sage, l'autre aveuglé et impulsif, obéissant à un je ne sais quoi de formidable : l'artisan de ma perte, c'était moi-même, moi-même malgré moi ! Comprenez-vous ? Je savais tout examiner, tout analyser, tout peser : je prévoyais tout... et je n'empêchais pas ma main de signer tel décret ou telle missive, ma bouche de donner tel ordre ; ce qu'il ne fallait pas faire, je le faisais. Aussitôt après, le Bonaparte sage et clairvoyant revenait à la rescousse, je dominais mon *moi* insensé et téméraire. Mais c'était trop tard, le mal était fait, j'avais défié le Sort, et les prodiges de talent militaire, les ressources politiques et administratives que mon génie m'inspirait, le courage, l'héroïsme de mes soldats, ces soldats français les premiers du monde, rien n'y pouvait rien changer : ce qui devait arriver arrivait et je tombais de catastrophe en catastrophe...

On a dit que j'ai voulu brusquer la Fortune, violenter le Destin ; quelle erreur ! C'est la Fortune qui m'a brusqué et le Destin qui m'a frappé.

Il fit une pause, chassa avec la main droite une mèche de cheveux qui descendait au milieu de son front et se remit à marcher de long en large à grands pas, mais avec une légère claudication d'une jambe.

— Qui donc a dit que les hommes de génie sont les enfants de leur siècle ? C'est peut-être une grande vérité qui a été formulée. Mais, songez-y, de quel siècle étais-je, moi, l'abrégé ou la synthèse ? Pas du siècle qui venait de disparaître, n'est-ce pas ? Mais bien plutôt du siècle qui naissait quand la France me donnait le pouvoir : n'ai-je pas donné à la France, et au xixe siècle, la plupart des institutions et des lois qui ont fait sa grandeur ? Ne puis-je dire que le xixe siècle porte mon empreinte ? Oui, sans doute, je puis revendiquer cette gloire, mais, en réalité, je n'étais, moi, ni le fils du

XVIIIᵉ siècle ni du XVIIᵉ siècle ni le père du XIXᵉ, j'étais le produit d'une période de fièvre politique et sociale, de bouleversement, d'enfantement aussi, où la vie des hommes se brûlait dix fois plus vite qu'elle ne l'a jamais fait, au milieu des flammes des passions et des idées, de la lutte acharnée, inouïe, de l'anarchie contre l'arbitraire, période de sang et de troubles, semblable à l'orage, à l'ouragan qui dévaste et qui secoue tout, qui plonge la nature dans l'obscurité des nuages les plus noirs et les plus épais... Seuls, les éclairs de la foudre, les éclairs de mes victoires, illuminaient parfois le monde aveuglé par la tourmente, déchiraient les nuées qui cachaient l'horizon et faisaient entrevoir un lambeau d'azur dans le ciel !

Rien ne saurait mieux expliquer pourquoi je n'ai ressemblé à rien ni à personne et pourquoi personne ne pourra plus me ressembler. La Société, l'humanité étaient lasses du chaos et de l'anarchie où les avaient plongés la Révolution : il fallait mettre de l'ordre dans ce désordre, de la mesure dans cette effervescence ; il fallait faire le lit où coulerait le torrent de la Révolution, le lit du fleuve bienfaisant et fécond de la liberté : je l'ai fait !

Vous croyez que j'ai tué la Liberté : je proteste. Vous parlez de ma dictature : oui, là vous avez raison, j'ai exercé la dictature, je l'exercerais encore si c'était à refaire.

Mais de quel droit m'accuse-t-on d'avoir voulu chasser la liberté du monde : je voulais l'y asseoir, l'y établir plus fortement que jamais, je voulais donner la liberté au monde entier. Et, pour arriver à mes fins, pour réaliser mes projets, quel est l'esprit sain et pondéré qui peut penser une seule minute que je n'avais pas l'obligation de prendre et d'exercer le pouvoir absolu ?

Depuis quand ? où ? dans quelle histoire ? à quelle époque depuis la création du monde me pourrait-on citer de grands événements, de ces événements qui changent la face de la terre, qui aient été accomplis autrement que sous la dictature absolue d'un Alexandre, d'un César ou d'un Charlemagne, sans parler ni d'Attila, ni de Mahomet, ni de tous les autres destructeurs ou fondateurs d'empire ?

Quand une tête est assez vaste pour avoir conçu des projets tels que les miens, c'est cette tête seule qui peut les exécuter. Et mes projets étaient si immenses, si incomparablement plus vastes que tout ce qu'on a imaginé que nul homme n'était digne de recevoir mes confidences.

Avec qui donc aurais-je pu partager les soucis et les responsabilités du pouvoir ? Avec une assemblée délibérative ? avec des députés ?

Alors que j'étais sûr, absolument sûr que, si j'avais parlé de mes plans à n'importe lequel de mes ministres, il m'aurait taxé de fou et aurait employé tous ses efforts à me dissuader de ce qu'il aurait appelé : ma chimère, qu'auraient donc dit et fait des hommes réunis en assemblée, si je m'étais ouvert à eux ? Ils auraient voté mon internement dans une maison de santé.

Le génie touche à la folie, n'est-il pas vrai ? Mais laissez-moi ajouter que ce qui paraît folie aux humains aujourd'hui leur semble souvent parole d'évangile cent ans après. Je savais mieux que personne ce que je voulais faire, je n'avais besoin que d'avoir sous la main des instruments dociles, des leviers puissants, toute une organisation capable d'exécuter fidèlement ma volonté. Or j'avais créé tout cela, et toute confidence aurait présenté le danger d'énerver la confiance qu'on avait en moi, d'ébranler la discipline rigoureuse que je voulais faire régner dans l'administration civile comme elle régnait dans mes armées.

J'aurais pu, que dis-je? je devais réussir, si le Destin l'avait permis. Mon tort a été de vouloir aller contre le dessein de Dieu ou peut-être de chercher à réaliser en peu d'années ce que Dieu veut réaliser avec les siècles.

Voilà mon tort... et il est aussi grand certes que mes projets! Mais ce tort provenait tout autant de mon ignorance des desseins de Dieu... et cette ignorance qui ne la partage pas avec moi? Qui donc peut prétendre connaître l'avenir?

Il faut savoir se borner ! Ah ! oui, voilà la phrase toute faite des philosophes. Mais, pour savoir se borner, il faut être borné soi-même, il faut avoir de petites pensées, de petits desseins, de petits horizons... Oseriez-vous soutenir qu'on peut dire cette phrase à un Napoléon Bonaparte? Je ne connaissais pas de borne à mon activité, pas d'entrave à mon génie, pas de limite à ma volonté... et j'aurais restreint mes desseins à un horizon que je n'apercevais pas ! Ceux qui m'ont critiqué ainsi me font rire...

J'ai eu tort de tenter une œuvre colossale, je l'avoue et j'en ai été puni par la fatalité; mais cette œuvre, ce dessein sublime, moi seul étais capable de l'entreprendre et je suis fier, je serai fier à jamais de l'avoir tenté.

Quant à mes fautes, en deux mots les voici : *inexpérience* d'abord et *trop de hâte* ensuite. Je vous le démontrerai bientôt.

J'ai manqué d'expérience politique, et il ne pouvait en être autrement, car je fus transporté sans transition de la tête d'une armée à la tête d'un gouvernement; l'expérience est le souvenir des fautes passées, je n'ai eu cette expérience-là que lorsque les fautes étaient commises... et irrémédiables.

Enfin *j'ai voulu aller trop vite*, je n'ai pas assez modéré mon impétuosité et mon activité. Je vous avouerai que je vivais dans une telle tension de travail et d'efforts de tous genres que je n'avais qu'une notion toute relative du temps. Pour moi, dès que j'avais fait, terminé une chose, il me semblait qu'il y avait un siècle que je l'avais faite et je me précipitais sur une autre. Il me semblait, le matin, que ce que j'avais vu et lu, ordonné et exécuté la veille, avait eu lieu un an auparavant, peut-être plus ! J'oubliais que, tandis que je marchais avec des bottes de sept lieues, le reste des hommes, même en courant derrière moi, ne pouvait me suivre : je les ai essoufflés, épuisés et... je me suis trouvé seul, au moment critique. On peut croire qu'ils m'ont abandonné, et certains l'ont fait, d'autres ont fait pis qui m'ont trahi, mais il faut confesser la vérité, c'est moi qui les devançais trop : j'allais trop vite !

CHAPITRE XV

LA CAMPAGNE DE RUSSIE

Il me fallait la Russie pour moi, alliée ou subjuguée. — On me détestait en Russie autant que les idées de 1789. — Je voulais la paix universelle. — La marche sur Moscou eut été un triomphe un an plus tard. — Je voulais former une grande Allemagne. — Tout cela, c'est de l'Histoire. — Koutousoff n'a été qu'un temporisateur... qui a eu de la chance !

Tout le monde pense qu'une de mes grandes fautes a été de venir à Moscou ; ce n'est pas exact, ma faute a été d'y venir un an trop tôt. Je vais vous l'expliquer. D'abord pouvais-je éviter la guerre avec la Russie ? non, c'était une guerre obligée. Tôt ou tard, il me fallait vaincre la Russie, briser sa puissance, faire plus encore : la mettre dans ma dépendance ! Je vous prouverai que, pour réaliser mes projets, j'avais besoin d'avoir la Russie avec moi sans arrière-pensée ou complètement dévouée à ma cause sous des princes choisis par moi. Alexandre ne m'avait pas compris à Tilsitt... et pourtant je lui avais clairement parlé. Mais il y avait toutes sortes de raisons — et des plus puissantes — pour l'empêcher de mettre sa main dans la mienne franchement et pour toujours. D'abord il avait *instinctivement* peur de moi ; malgré tout ce que vous appelez mon despotisme, il sentait que j'étais le fils de la Révolution, que la liberté des peuples s'agitait dans les plis des drapeaux français... Les Russes étaient en pleine autocratie politique et religieuse, plus arriérés de beaucoup que les habitants de l'Europe occidentale pendant la féodalité ; les nobles et les seigneurs exploitaient la crédulité naïve, le fanatisme religieux et l'ignorance absolue d'un peuple d'esclaves, nés et vivant dans l'esclavage depuis des siècles. Avec mon influence, des idées libérales et saines seraient entrées forcément en Russie ; ni l'entourage du Tzar, ni le Saint-Synode russe ne pouvaient tolérer que la Raison vînt exercer son esprit large et son droit de critique et de réformes dans l'empire moscovite. Ajoutez à cela les intrigues des Anglais dont les agents travaillaient la Cour de Russie, des réfugiés prussiens et de tous les ennemis de la liberté qui avaient trouvé asile à Pétersbourg ! Alexandre vacillait, sentait les avantages immenses de son alliance avec moi et se flattait aussi d'arriver à être l'arbitre des destinées de l'Europe en l'aidant à m'écraser : il voulait jouer au sauveur des peuples, titre que ses courtisans lui donnaient. Il m'avait refusé une de ses sœurs sous prétexte que l'impératrice-mère ne voulait pas y consentir...

En réalité, on me détestait en Russie comme on y détestait les idées de 1789 ; que pouvait-on attendre d'autre d'un pays où on dressait des autels à Louis XVI dont on avait fait un saint ?

Néanmoins Alexandre ne voulait pas de cette guerre : il y allait, poussé, contraint par ses conseillers et son entourage, et il y allait avec de grandes et terribles appréhensions.

Mais, pour lutter contre toutes les intrigues qui se

tramaient contre moi en Russie et en Europe, il m'aurait fallu une diplomatie de génie : je n'avais que des diplomates de bonne volonté et pas un vrai ministre des Affaires Étrangères... Je savais parfaitement les manœuvres infâmes de Bernadotte, qui ne fut pas seulement un petit esprit et un cœur faux, mais surtout un ingrat envers moi, son bienfaiteur, et un traître envers son pays, la France !

Tant que la Russie serait restée ce qu'elle était et qu'Alexandre ne serait pas convaincu par un coup de tonnerre de la nécessité de n'écouter que moi, il n'aurait pu y avoir en Europe de paix durable... Or je voulais arriver à la paix universelle. Vous pensez que c'est à la domination universelle qu'il faut dire : mais pourquoi pas? Car, dans mon esprit, la domination du monde par la France, c'était le triomphe de la raison et des idées libérales, c'était le règne de la paix dans l'univers...

Laissez-moi poursuivre ma démonstration que la marche sur Moscou n'était pas une faute : je vous répète que la faute fut d'y aller une année trop tôt... Après avoir passé le Niémen, après être entré à Wilna, il fallait m'arrêter, établir solidement Davout et le premier corps autour de cette ville, pousser Oudinot et le second corps vers Riga qu'on pouvait enlever rapidement, lancer Ney et le troisième corps sur Witepsk en l'appuyant par le sixième corps et en le maintenant en contact avec Davout pour éviter une surprise. D'ailleurs ces deux corps (troisième et sixième) formaient un total de près de 80.000 hommes et Davout pouvait lui adjoindre la division Morand, ce qui aurait permis à Ney de renverser tous les obstacles. Les quatrième et cinquième corps se seraient placés entre Minsk et Varsovie, de façon à pouvoir se porter rapidement sur l'un de ces deux points et y faire leur jonction au premier signal.

Voilà ce que j'aurais dû faire : l'hiver de 1812 aurait trouvé nos soldats au chaud... Les Russes seraient venus se faire battre par nous devant nos positions où nous les aurions écrasés ; ou bien ils seraient restés à Smolensk, pour défendre Moscou, et sur la route de Pétersbourg, sans que nous allions les chercher.

C'était tellement évident qu'à Witepsk je disais à Murat : « Nous avons terminé la première campagne de Russie : c'est ici qu'il faut planter nos aigles. En 1813, nous prendrons Moscou ; en 1814 Saint-Pétersbourg ». C'était la sagesse qui parlait chez moi ce jour-là ; le lendemain, je donnai l'ordre de marcher sur Moscou, je le donnai sans pouvoir résister à l'impulsion qui me jetait ainsi vers les dangers, conscient que je faisais une faute et n'ayant ni le courage ni la force de ne pas la faire !

Cette année de repos pour mes armées aurait été une année d'organisation de la Pologne, aurait permis de préparer un matériel énorme en Prusse, en Pologne, de doubler la valeur de mes soldats en les aguerrissant, d'accoutumer l'Europe centrale à notre présence et à notre action. La garde impériale qui était l'objet de ma prédilection, car elle formait une armée incomparable par la solidité et l'endurance des hommes, serait retournée en Saxe : je l'aurais cantonnée à Dresde et j'aurais passé une partie de l'année avec elle, en ramenant tous les souverains de l'Europe autour de moi par les fêtes que j'aurais données. Enfin j'aurais renvoyé Murat et Eugène passer l'hiver dans leurs États d'Italie, où ils auraient organisé de nouvelles armées. Peut-être serais-je allé passé quelques jours à Berlin pour étudier avec le roi de Prusse les moyens de concilier ses désirs avec mon plan qui était de former une grande Allemagne, mais une grande Allemagne confédérée et qui aurait été pour moi une force immense. Car voilà une de mes grandes idées que je n'ai pas eu le temps d'exécuter ni même de dévoiler, car cela eût été prématuré alors ; c'était d'amener le roi de Prusse à entrer dans la Confédération du Rhin, qui serait devenue la Confédération germanique, dont je serais resté le protecteur. J'aurais pu y arriver pendant l'hiver de 1812 en conférant avec les souverains à Dresde et à Berlin. Du reste, le roi de Prusse aurait fait ce que j'aurais voulu ; j'avais le maréchal Victor avec 39.000 hommes à Berlin et une armée de réserve de 150.000 hommes entre la Prusse et le Weser.

Mais à quoi bon revenir sur ce qui a été fait : je voulais seulement vous faire comprendre que je n'ai obéi dans toute la campagne de Russie qu'à la fatalité. Une fois, en route sur Moscou, j'étais entraîné dans un tourbillon dont je ne pouvais plus sortir... ou plutôt dont je n'ai pas su prendre la décision de sortir.

D'abord nous voici à Smolensk : il y avait une belle campagne à faire en descendant sur Kieff, en allant donner la main aux Autrichiens et au corps de Reynier qui étaient en Volhynie. De là, nous pouvions revenir à Varsovie triomphalement, quand et comme nous aurions voulu.

Mais je négligeai cette manœuvre facile. J'étais hypnotisé par l'idée d'obliger les Russes à une grande bataille, je voulais les écraser définitivement. Ce n'est qu'en marchant sur Moscou que je les obligeais à se battre.

La bataille de la Moskova — Borodino pour les Russes — aurait pu être décisive, si je n'avais été ce jour-là comme privé de mon génie de la guerre. J'étais enrhumé, fiévreux, j'avais la tête lourde, et surtout cette indécision qu'on éprouve malgré soi, lorsqu'on sent qu'on s'est engagé maladroitement dans une méchante affaire.

A Schwardino, le 5 septembre, je m'énerve en voyant qu'il me faut faire tuer cinq mille hommes pour enlever une redoute : je suis étonné de l'acharnement que mettent les Russes dans leur lutte.

Je me sentais inquiet d'être à huit cent lieues de la France, au milieu d'un pays immense et d'une population farouche qui brûlait et dévastait tout à notre approche. Ah ! si la Russie avait été un pays riche, fertile, ami, comme l'était l'Italie, vous auriez vu quels tours de force j'aurais fait accomplir à nos soldats, quelle campagne merveilleuse eût été la campagne de Russie !

Mais ici je devais lutter contre les hommes — et ils sont de terribles adversaires, — contre les distances, contre la nature ; le climat enfin allait se mettre de la partie et les éléments, obéissant à Dieu, devaient anéantir mes troupes et mes espérances.

C'est cette vague inquiétude, ce malaise de ma conscience, la maladie qui me fatiguait et paralysait mon esprit, qui sont cause que je n'ai pas accepté le 6 septembre l'offre de Davout de tourner et traverser les bois d'Outitza avec ses 40.000 hommes et de tomber le 7 au matin sur le flanc des Russes. Je lançai de ce côté le corps de Poniatowski, qui n'était pas assez fort pour faire plus qu'une diversion et qui pourtant fit d'excellente besogne. Si j'avais laissé agir Davout, si ensuite, le 7 septembre, à dix heures du matin, j'avais appuyé Ney et Murat avec toute l'artillerie et toute la garde impériale, nous aurions évidemment coupé en deux l'armée russe par la trouée de Séménoffskoïë et elle n'eût laissé échapper ni un canon ni un régiment.

Au lieu de profiter des fautes énormes de Koutousoff et de ses lenteurs, j'ai été, moi, qu'on peut comparer à la foudre pour concevoir, préparer et frapper de grands coups, j'ai été inférieur à moi-même : je me suis contenté d'écraser les Russes sous le canon, d'en massacrer 60.000... et heureusement que Koutousoff ne fit absolument rien qu'opposer une résistance passive, inouïe : si j'avais eu un Masséna contre moi, la bataille de la Moskova eût été mon plus grand désastre !

Enfin !.. c'est passé. Moscou m'ouvre ses portes ; c'est la dernière sottise que commet Koutousoff. On dit qu'il a été un grand général : non, il a été un grand temporisateur, il a eu le mérite de ne pas désespérer de son pays et, connaissant son climat et ses ressources, il a attendu que le temps et la neige fassent leur œuvre contre mon armée. Mais, comme stratège, il a été aussi peu habile en Russie qu'il l'avait été à Austerlitz.

Le devoir de Koutousoff était de défendre Moscou contre moi, de m'obliger à l'assiéger. Nous aurions couvert cette ville de boulets et de bombes, nous aurions brûlé Moscou : peut-être ! mais nous ne l'aurions pas plus brûlée ni dévastée que les Russes l'ont fait eux-mêmes ensuite ; et, pour prendre Moscou, pour enlever les rues l'une après l'autre, pour occuper le Kremlin, j'aurais perdu la moitié de mon armée. Je dis plus, je vous dis à vous, la vérité : si Koutousoff avait défendu Moscou avec acharnement, j'aurais abandonné le siège, je serais reparti vers Smolensk, car je me sentais trop en l'air.

CHAPITRE XVI

NAPOLÉON AU KREMLIN

La prise de Moscou fut cause de ma perte. — Le cauchemar de la chute. — Le violon qui se détraque. — L'excellent conseil de Daru. — Il aurait fallu me décider avant le 30 septembre. — J'ai hésité jusqu'au 19 octobre. — J'étais victime d'une illusion... et de la fatalité. — Ce qu'il m'eut fallu faire !

Eh bien ! voici une nouvelle preuve de l'intervention de la fatalité dans cette campagne : la faute capitale de Koutousoff de m'abandonner Moscou devint la cause de ma ruine.

Lorsqu'on m'annonça que Murat était entré dans Moscou abandonné, qu'il avait chassé du Kremlin une poignée de bandits armés, que je pouvais entrer triomphalement dans la Métropole russe, m'installer dans le palais des Tzars... j'eus une minute d'éblouissement. Était-ce possible? Et j'eus aussi un frisson d'angoisse : je me crus le jouet d'un songe qui allait finir brutalement. Avez-vous eu quelquefois le cauchemar? On songe, en dormant, qu'on gravit une tour ou un pic escarpé, qu'on monte, qu'on monte sans cesse, qu'on domine la terre, qu'on se rapproche des cieux... et soudain le sol, les degrés, les rochers, tout vous manque sous les pieds, on est précipité, on sent qu'on descend, qu'on tombe avec une rapidité vertigineuse, sans pouvoir fa... ..n mouvement ni pousser un cri ! L'effort qu'o............ pour se retenir est tel qu'on se réveille le front e.. ..ur, les yeux hagards, avec des palpitations de cœur.

J'ai éprouvé cette sensation quand je suis entré au Kremlin et que j'ai dominé Moscou du bout de la tour d'Ivan Veliky : et ce fut une sensation si poignante que je me cramponnai, à mon insu, et très fortement, au bras de Berthier qui se trouvait à mon côté et qui me demanda si je me trouvais mal. J'attribuai, pour ne pas l'effrayer, ce geste à un vertige causé par l'élévation, par le grand air, par le vacarme des corbeaux et des corneilles qui tourbillonnaient sur les toits du Kremlin.

Nul n'a compris alors mes secrètes pensées : ce fut le plus dur de ma tâche, le plus délicat et le plus difficile, de jouer un rôle, de me composer un visage, de faire croire à tous, maréchaux, généraux, soldats, que j'avais encore confiance dans l'avenir et que rien ne pouvait me surprendre ni m'émouvoir. Il fallait sauver le moral de l'armée. J'y ai réussi...

Mais, moi-même, je voyais pâlir mon étoile, je comprenais que seul un miracle pouvait me sauver,.. et ce miracle, je ne pouvais plus l'accomplir, car je n'avais plus les soldats de la guerre d'Italie, je n'avais plus les généraux incomparables qui m'avaient si admirablement compris. Mes maréchaux étaient excellents, mais fatigués, jaloux entre eux, ils se déchiraient réciproquement auprès de moi et n'obéissaient plus qu'approximativement à mes ordres. Ils cherchaient à interpréter mes ordres au lieu d'obéir aveuglément : cela ne paraît pas grand chose, c'est pourtant énorme !

Ils n'avaient plus la foi absolue, inébranlable en mon

génie et en ma fortune : je leur avais donné l'exemple des tâtonnements et de l'indécision.

A dater de ce jour, je ne fus plus qu'un joueur de violon merveilleux dont l'instrument se détraque, ne rend plus *exactement* ce qu'on lui demande. Il faut redoubler d'efforts et de puissance, doubler les allures, forcer les notes et, malgré tout, soit usure, soit avarie, soit faiblesse, les notes ne sortent plus, les effets ratent et les cordes se brisent sous l'archet trop nerveux.

J'aurais pû encore évacuer Moscou cinq jours après l'incendie : la route de Smolensk était libre, malgré quelques cosaques qu'il était facile de faire chasser par la cavalerie. En quittant Moscou, le 30 septembre, avec l'armée, après avoir fait filer les malades, les blessés et les convois du 25 au 28, nous arrivions à Smolensk comme nous voulions, et nous pouvions être cantonnés à Wilna, Grodno, Minsk et Varsovie avant la fin d'octobre. Koutousoff avait son armée trop désorganisée et était encore trop désemparé par la bataille de la Moskova pour pouvoir prétendre quoi que ce soit de sérieux contre nous.

Pourquoi suis-je resté à Moscou jusqu'au 19 octobre? Fatalité ! J'étais sous le coup de massue de la révélation de ma chûte prochaine, plus inquiet, plus indécis, plus irrésolu que jamais ! Daru me donnait un excellent conseil : hiverner à Moscou. J'aurais pu le faire, car les enquêtes et les perquisitions faites dans les caves des maisons brûlées avaient permis de trouver des vivres en abondance, blé, graines, eau-de-vie ; nous avions — Larrey me l'a affirmé vingt fois — de quoi vivre six mois. Moscou était facile à defendre, nous avions 800 canons, des munitions très abondantes ; il restait debout et intactes plus de maisons qu'il n'en fallait pour abriter toute la population, soldats et civils ; de grands couvents pouvaient servir d'hôpitaux. Enfin le Kremlin, avec quelques travaux de défense, était imprenable : j'avais fait faire ces travaux.

L'idée de Daru était excellente, il aurait fallu seulement agir avant le 30 septembre : j'aurais pû donner le commandement de l'armée à Davout, emmener avec moi Ney, Berthier, Daru, Poniatowski, Eugène, Murat et Bessières avec toute la cavalerie. Nous serions rentrés à Smolensk où j'aurais laissé une très forte garnison avec Oudinot à sa tête, et j'aurais ramené toute la cavalerie à Berlin. Au printemps suivant, je serais revenu en Russie avec 300.000 hommes, j'aurais dégagé Davout, si on l'avait assiégé, écrasé les Russes et marché sur Pétersbourg.

Tout cela était faisable, facile même : je ne l'ai pas fait, je n'ai pas voulu abandonner mes soldats au cœur de la Russie, j'ai eu peur qu'on m'accusât de n'avoir pas voulu partager leurs misères ; je n'ai pas voulu, au début d'octobre, avoir l'air de reculer et de battre en retraite... En vérité, je ne savais pas ce que je voulais, si ce n'est traiter avec Alexandre. Je me berçais à ce moment de cet espoir de recevoir ses ambassadeurs et de faire la paix à Moscou. Illusion stupide, que seule la fatalité me faisait entrevoir pour me perdre !

Lorsqu'il aurait fallu agir — et vite et sans hésitation — je perdais mon temps dans l'attente d'une réponse... russe, d'une lettre d'Alexandre. Folie inconcevable! Murat se laissait prendre pendant ce temps aux feintes avances de Koutousoff et tombait dans un piège à Winkowo. Le froid allait arriver, il gelait déjà la nuit et le 19 octobre je donnais l'ordre de partir...

Mes maréchaux regrettaient ce jour-là de n'avoir pas approuvé le plan que j'avais préparé le 1er octobre, et que je leur avais soumis, de rétrograder en trois armées sur Witepsk et Smolensk pour aller hiverner à Wilna. Je regrettais plus encore d'avoir eu la faiblesse de prendre leurs conseils quand je n'avais qu'à leur expliquer des ordres.

Malgré tout, ma retraite de Moscou à la Bérézina aurait eu lieu en bon ordre et sans désastre, si la fatalité, sous forme maintenant d'un froid excessif et prématuré, n'était venu me tuer, du 6 novembre au 9 novembre, des milliers d'hommes et trente mille chevaux. J'avais fait établir le relevé de la température du mois de novembre pendant les vingt années précédentes et *jamais* on n'avait constaté en novembre un froid de plus de six degrés sous zéro. Or, à partir du 7 novembre, il fit de seize à vingt degrés de froid la nuit, et tous nos moyens de transport faisaient défaut : plus de chevaux, plus d'artillerie, des hommes à demi-morts et qui tombaient... Nous étions vaincus par les éléments, par la neige, la glace, les tourmentes... par Dieu !

Il respira longuement, comme si sa poitrine oppressée manquait d'air ; puis il reprit froidement et tristement :

— Mais vous n'êtes pas venu ici pour que je vous fasse un cours d'histoire..., vous savez ce qui a suivi, permettez-moi de ne pas le redire, car le souvenir de cette série de malheurs souvent immérités, d'efforts surhumains, de lutte obstinée contre l'*Adversité* me cause la plus indicible douleur... J'étais vaincu en sortant de Moscou, je l'étais irrémédiablement, quoi que je pusse faire par la suite. Ne croyez pas que je pouvais accepter la paix de Prague : l'Autriche me la proposait de mauvaise foi, pour gagner du temps ; les autres puissances ne l'auraient pas acceptée et il aurait fallu *quand même que les destins s'accomplissent*.

J'avais voulu aller trop vite, j'avais voulu trop embrasser dans mes entreprises, j'avais à soutenir seul toute mon œuvre contre trop d'ennemis, je ne pouvais *être présent partout et toujours;* j'avais essayé de dompter l'Europe, elle était de toutes parts soulevée et hostile. La France même me glissait entre les doigts, elle m'abandonnait par lassitude, parce qu'elle ne comprenait pas les mobiles de mes actes et qu'elle n'en voyait que les sacrifices, les dépenses, les souffrances que je lui imposais...

Il m'aurait fallu attendre l'année 1813 pour aller à Moscou, dès le mois de mai, avec des approvisionnements énormes, y laisser deux cent mille hommes, revenir en Pologne par Kieff, reprendre en 1814 la campagne contre Alexandre en allant cette fois l'écraser à Pétersbourg et partager alors la Russie entre la Prusse, la Saxe, la Pologne et l'Autriche qui n'auraient pas demandé mieux.

Affermissant ma puissance dans l'Europe continentale par mes séjours à Dresde et Berlin chaque année, j'aurais laissé la France se reposer et j'aurais maintenu mon prestige qui était incomparable.

En groupant toutes les forces d'Espagne dans la main de Suchet, j'aurais lassé les Anglais et par quelques mesures libérales, que j'aurais fait prendre par Joseph, j'aurais persuadé aux Espagnols que je ne voulais que leur donner un régime de liberté et de prospérité sous le sceptre de mon frère.

Admettons même qu'une quatrième campagne de Russie fût devenue nécessaire en 1815 pour obliger les Russes à reconnaître mon pouvoir; elle eût été facile, Moscou, Pétersbourg étant occupées par mes armées et les provinces les plus riches par les Autrichiens, Prussiens, Bavarois et Saxons auxquelles je les aurais données.

De la Pologne, j'aurais fait un royaume que j'avais

promis à Poniatowsky qui le méritait par sa naissance, sa bravoure, sa fidélité à ma cause ; et cette Pologne, convaincue que je voulais son relèvement et sa grandeur, m'aurait donné un concours bien plus efficace qu'en 1812.

L'Angleterre enfin aurait bien fini par se fatiguer de se ruiner en hommes et en argent, en argent surtout, pour n'aboutir à rien qu'à donner une prospérité inouïe à l'industrie française qui aurait eu le monopole du marché de toute l'Europe ; quant au commerce avec les colonies, j'aurais préparé un traité avec les États-Unis d'Amérique qui aurait été des plus avantageux pour la marine américaine et pour nous, des plus désastreux pour les Anglais. J'aurais fini par unir toute l'Italie sous mon sceptre et les Italiens auraient été enchantés d'être ainsi les collaborateurs directs des Français : je revendique bien haut mon origine latine ; pour moi, Français et Italiens sont des frères ; je ne pensais jamais aux uns sans penser aux autres et je les aurais toujours mis à l'honneur, eux qui ont bravé si vaillamment avec moi tous les périls !

CHAPITRE XVII

LES GRANDS DESSEINS DE L'EMPEREUR

Mon insuccès m'a tué. — Je voulais ressusciter l'Empire d'Occident. — Je voulais dominer le monde. — Je travaillais pour la France, non pour moi. — Je ne pouvais pas attendre. — Immensité des desseins de Napoléon. — Hivernage a Constantinople. — J'aurais remanié la carte du monde. — Un Conseil des États. — La Raison souveraine du monde.

Il s'approcha d'une fenêtre et tambourina pendant deux minutes sur les vitres avec les doigts : puis il replaça sa main droite dans son gilet et revint vers moi lentement :

— Oui ! j'aurais pu réussir, j'aurais même certainement réussi, si je n'avais pas voulu aller dix fois trop vite... Mais pouvais-je ne pas avoir cette hâte extraordinaire? Savez-vous combien d'années demandait l'exécution de mon plan? Si tout avait marché comme je le pensais, c'est-à-dire avec un succès continuel, sans encombre d'aucune sorte, une trentaine d'années m'étaient nécessaires. Aurais-je vécu ces trente ans? Nul ne pourrait le dire, mais j'avais peur de mourir avant d'avoir vu l'achèvement de mon œuvre. Et avais-je tort?

Il est clair que le séjour à Sainte-Hélène, avec les souffrances physiques que j'y ai endurées sous un climat qui m'était des plus défavorables, a beaucoup contribué à hâter ma mort... mais ce qui m'a tué moralement, c'est la ruine de mes projets et l'anéantissement de mes espérances. Je ne vivais que pour accomplir de grandes choses, mon activité était sans égale et cette activité était ma vie même. Déchu, prisonnier, réduit à l'inaction et courbé sous le poids de la fatalité, j'étais condamné à m'éteindre comme une lampe qui manque d'huile.

En me remettant moi-même entre les mains des Anglais, en faisant appel à leur hospitalité et à leur grandeur d'âme, j'ai signé mon arrêt de mort ; la décision barbare de m'envoyer à Sainte-Hélène, ne fallait-il pas l'attendre de mes plus mortels ennemis?

En débarquant dans cette île désolée, j'ai lu dans le ciel que je devais abandonner toute espérance. A dater de ce jour, j'ai désiré la mort comme ma suprême délivrance.

Sainte-Hélène a été pour moi, vivant, le pire des tombeaux ; je le savais si bien, que je n'ai jamais cherché ni même songé à m'évader. J'étais résigné à mon sort, dès le premier jour, car je subissais le joug de la fatalité qui m'avait vaincu... et on ne lutte pas avec elle.

Il est donc probable que j'aurais vécu bien plus longtemps si j'étais resté sur le trône, heureux dans mes entreprises et pouvant donner à mon activité dévorante le soin de régler toutes les affaires du monde. Mais la vie d'un homme est toujours courte en comparaison de ses projets...

On m'a reproché de n'avoir pas été un politique... Ce reproche est totalement faux si l'on prend le terme dans son acception la plus large, si l'on entend par *politique* l'homme qui sait gouverner un État ; par contre, si par politique on désigne l'homme rusé et adroit qui sait préparer ses actes de longue date, qui choisit pour agir les instants propices à ses desseins, si la prudence et la réserve sont les qualités dominantes du politique, je déclare moi-même que je n'ai jamais ambitionné ce titre. Si j'avais été un de ces politiques, je n'aurais cherché qu'à m'assurer le trône de France pour moi et ma dynastie, et j'y aurais réussi sans difficulté... Avant même la rupture de la paix d'Amiens par les Anglais, j'avais révélé à Talleyrand mon désir de *ressusciter l'empire d'Occident*. Je voulais grouper l'Europe entière sous mon sceptre et donner des rois à toute l'Asie... Rêve de domination universelle, a-t-on dit ! Pourquoi pas? Mais cette domination avait pour but d'assurer à jamais la paix du monde, d'y faire régner les idées de liberté et de justice, la raison et... la France ! Ne l'oubliez pas, je n'ai pas fait la France, et sans la France je n'aurais pas eu ces admirables et uniques instruments de mon génie, ces soldats et ces savants, ces légistes et ces administrateurs qui se sont couverts de gloire sous mon règne. Mais la France, je pensais toujours et tellement à elle, que je me l'étais identifiée : je travaillais pour elle, l'immortelle nation qui a des siècles de gloire derrière et devant elle, non pour moi, homme périssable, qui ne pouvais espérer qu'un tombeau comme récompense de mon grand œuvre. Bénie soit la France ! Je n'ai pas pu réaliser mon œuvre, mais elle m'a donné le tombeau que j'ambitionnais ; elle m'a compris... après ma mort.

Un historien sévère pour moi, parce qu'il juge mes actes *en politique*, a écrit « que les merveilleuses qualités que Bonaparte possède, il ne s'en sert que pour étonner, pour éblouir les hommes. Il cherche à frapper leur imagination, non à satisfaire leur raison ou leurs intérêts ». (Cela est faux, car nul gouvernement n'a plus fait pour satisfaire la raison que le mien et mon œuvre administrative, législative, financière est là pour le prouver ; c'est faux aussi, car nul n'a défendu les intérêts matériels de la France plus que moi, mes travaux publics, la protection que j'ai donnée aux industriels, l'essor qu'ont pris les affaires sous mon règne, tout répond pour moi.) Il ajoute « qu'il y a dans son esprit une sorte d'impossibilité de s'arrêter à un but déterminé : il n'a pas plus tôt fait un pas en avant qu'il s'élance plus loin, toujours plus loin, sans jamais attendre que le terrain se soit affermi sous ses pieds. Une conquête n'est jamais pour lui qu'une pierre d'attente pour une conquête nouvelle (1) ». Ici, il a raison, mais, s'il blâme ma hâte à poursuivre mon plan, il ne connaît pas ce plan, il n'en devine pas toute l'immensité... et alors il critique des choses critiquables à son point de vue étroit. *Je ne pouvais pas attendre les moments propices.*

Quel était donc mon plan ? Je vais vous le dire.

Napoléon s'arrêta, resta silencieux quelques minutes, puis il s'assit et, posant son coude et son avant-bras droit sur le bras du fauteuil, dans une attitude penchée et grave, il reprit lentement :

— Quand les Russes abandonnèrent Moscou à l'approche de la Grande Armée, quand j'appris que Murat était entré au Kremlin et que la capitale de la Russie n'avait pas fait de résistance, je crus toucher à la réalisation de mes pensées. Je n'aurais jamais

---

(1) Lemfrey, *Histoire de Napoléon.*

supposé les Russes assez fous furieux pour brûler Moscou, je croyais Alexandre assez enclin à m'écouter pour ne pas le croire entêté au point de refuser toute entente... Maître de Moscou, j'estimai que j'avais prouvé d'une manière éclatante à Alexandre que j'étais invincible et qu'il avait autant à perdre à être mon ennemi qu'à gagner en étant mon ami. Je ne pouvais soupçonner que l'entourage d'Alexandre eût sur lui une influence si désastreuse qu'il refusât toute conversation avec moi.

J'attendais une démarche d'Alexandre, l'envoi d'un ambassadeur pour parler de la paix et je comptais alors parler à Alexandre un langage qu'il eût compris. Je lui aurais laissé intacts son empire et sa couronne ; en échange d'une alliance étroite et de l'assurance que mon influence serait toujours prépondérante dans ses conseils, j'aurais proposé à Alexandre de joindre ses troupes aux miennes, j'aurais mené la Grande Armée vers le sud, nous aurions accru nos forces de l'armée de Tchitchakof en Volhynie et nous serions allés hiverner... devinez où? A Constantinople.

Nous aurions eu tôt fait de balayer les Turcs de l'Europe : mes dispositions étaient prises ; j'avais une armée en Dalmatie, des dépôts et des approvisionnements énormes à Corfou, une flottille en Italie qui était prête à porter des troupes en Grèce ; partout dans l'Albanie et l'Épire, chez les Serbes et les Bosniaques, des partisans nombreux nous attendaient, les peuples voyaient en nous leurs libérateurs. Une flotte, partie de Tarente, aurait jeté un corps d'armée en Égypte et Eugène l'aurait dirigé ; Murat aurait envahi la Sicile...

Alexandre et moi, de Constantinople, nous aurions remanié la carte du monde...

En Europe, j'aurais constitué fortement la Confédération germanique, dont j'aurais été protecteur en qualité d'empereur d'Occident. La Pologne aurait formé un royaume, j'aurais réuni toute l'Italie et la Sicile au royaume d'Italie, j'aurais créé des principautés de Moldavie, Valachie, Serbie, Macédoine et Grèce sous le double protectorat de l'empire d'Occident et de l'empire d'Orient. Alexandre aurait été empereur d'Orient : il aurait pu établir sa capitale à Constantinople. Lui enlevant la Pologne, je lui aurais donné tout le nord de l'Asie... mais j'aurais pris toutes les précautions nécessaires pour l'empêcher de devenir trop puissant.

J'aurais réuni la Dalmatie, la Croatie, la Bosnie et l'Albanie à l'Illyrie et j'en aurais formé un duché de l'Adriatique dont Bessières eût été titulaire. J'aurais enlevé la Galicie à l'Autriche pour la donner à la Pologne, et j'aurais poussé à l'indépendance de la Bohême et de la Hongrie sous des archiducs d'Autriche, afin de diminuer la puissance des Habsbourg.

J'aurais envoyé une armée en Asie-Mineure et une autre en Syrie : Eugène serait devenu roi d'Égypte, Murat roi de Perse, Ney duc d'Anatolie et de Géorgie. Une armée de 300.000 Russes aurait marché sur la Chine ; de Bagdad et de Téhéran, des armées européennes, commandées par Davout, auraient franchi l'Euphrate et le Tigre, passé l'Iran, chassé les Anglais des Indes : je serais allé à Delhi me faire couronner empereur des Indes et organiser ma conquête. L'Angleterre, ruinée et épuisée, se serait reconnue vaincue et j'aurais traité avec elle en lui reprenant toutes les colonies françaises et espagnoles.

J'aurais soutenu et aidé les États-Unis du Nord ; ils auraient été mes alliés et mes amis. J'aurais créé un Conseil des États, où j'aurais demandé à tous les pays d'Europe et aux États-Unis d'Amérique d'envoyer un ministre plénipotentiaire. Ce conseil se serait réuni une fois par an à Paris sous ma présidence pour étudier les questions de tous genres intéressant la paix du monde : il aurait décidé, à la majorité, du sort et des intérêts des deux hémisphères.

N'était-ce pas la paix du monde assurée? Aucune puissance n'aurait pu même songer à lutter contre l'Europe et l'Amérique, contre la race blanche, en un mot, maîtresse et souveraine du monde entier. Et l'esprit de mon Code, les grandes idées de liberté, les droits de la raison humaine se seraient imposés à toute la terre !

Je n'aurais pas abandonné la Chine à la domination des Russes ; ils auraient simplement tracé le chemin à des armées que j'aurais formées plus tard avec des troupes africaines, musulmanes, hindoues, que j'aurais encadrées d'européens solides, et j'aurais divisé la Chine en de nombreux duchés dont mes maréchaux auraient reçu les titres et qu'ils auraient été gouverner et coloniser au nom du Conseil des États.

D'ailleurs, le risque de voir se créer une puissance assez formidable pour devenir un danger aurait été écarté par ce seul fait que l'Europe occidentale et centrale se serait toute trouvée unie et concentrée dans ma main. La France, l'Italie, l'Espagne et les États germaniques unis, mais c'est la race latine et saxonne entière.... Et qui pourrait nier que c'est une force toute puissante!

Tel était mon plan, mon rêve, si vous voulez, et je ne puis dire ni le nombre d'années qu'il aurait fallu pour le réaliser ni les modifications que j'aurais dû apporter à son exécution par suite des circonstances. Mais, allié d'Alexandre, mettant à Constantinople sur sa tête la couronne impériale d'Orient, le faisant assister ensuite à mon couronnement d'empereur d'Occident, décrétant de Constantinople le remaniement de la carte du monde, je ne prévoyais plus d'obstacle assez fort pour me barrer ma route : là, sur les rives du Bosphore, dispensateur des couronnes et des États, je me serais senti le *Maître*, je n'aurais plus eu qu'à formuler des désirs, tracer des plans, dicter des ordres ! Le feu sacré de la victoire et l'enthousiasme de mes maréchaux et de mes soldats, l'ivresse de la gloire auraient été tels que tous les Français, tous les hommes énergiques, hardis, d'Italie, d'Espagne, d'Allemagne auraient brigué à l'envi l'honneur de servir une cause aussi grande ; je n'aurais trouvé qu'adresse, dévouement et audace chez tous. Mes ordres auraient été à l'instant compris et exécutés : l'Europe aurait pris conscience de ses intérêts, de son grand rôle : les termes de français, italiens, latins, allemands, slaves seraient devenus pâles à côté de celui d'Européen ou d'Occidental. L'Europe aurait été une grande famille où tous les peuples auraient été cousins et frères ; sous les plis des drapeaux de l'empire d'Occident tous auraient partagé les mêmes dangers et les mêmes honneurs, les mêmes profits et la même gloire !

Il s'était échauffé en parlant, sa main droite s'était agitée à plusieurs reprises et avait frappé le bois du fauteuil ; aux derniers mots, il se leva et fit un pas en avant... Mais soudain son animation tomba, il poussa un profond soupir, se laissa aller avec lassitude sur le fauteuil et resta la tête basse, le menton appuyé sur son gilet, les yeux à terre.

— Mon rêve, murmura-t-il, mon rêve, je ne l'ai pas même ébauché !

CHAPITRE XVIII

LA DOMINATION UNIVERSELLE

C'EST LE SECRET DE LA PAIX ROMAINE. — RESTER STATIONNAIRE, C'EST SE CONDAMNER A DISPARAITRE. — JE NE SUIS PAS CONTENT DE LA FRANCE. — IL FAUT LA RÉVEILLER DE SA TORPEUR. — JE NE VEUX PAS QU'ON LA TROMPE. — CE QUI DOIT ÊTRE, CE QUI PEUT ÊTRE, CELA SEUL SERA. — JE DÉTESTE LES IDÉOLOGUES, JE VÉNÈRE LA PHILOSOPHIE. — J'AURAIS VOULU AVOIR CHATEAUBRIAND A MES COTÉS.

Mais il ne tarda pas à relever son front, ce front vaste et génial, que semblaient éclairer ses yeux étincelant de pensées :

— J'ai résumé pour vous mes plus secrets desseins, ceux auxquels j'aimais à rêver dans la solitude, plongé dans l'étude approfondie des cartes géographiques ou devant une mappemonde... *On n'obtiendra la paix universelle que par la domination universelle.* Est-ce là une chimère? La paix universelle serait-elle aussi impossible que la domination universelle? Voilà le gigantesque problème qui s'est posé devant moi et que j'ai eu l'audace de vouloir résoudre.

Il est un peuple qui a cherché à résoudre jadis ce problème — et qui l'a résolu pendant des siècles : c'est le peuple romain. Rome a imposé au monde connu *la paix romaine ;* mais les Romains ont eu le tort immense de s'arrêter dans leurs conquêtes. Quand Trajan a édifié des monuments de son passage en Roumanie en Thrace, il a commis une faute grave : il a établi les bornes de l'empire. Or l'empire romain n'aurait dû avoir de bornes que celles que la nature aurait dressées devant lui : les légions romaines auraient dû aller non seulement jusqu'à la Volga, jusqu'à l'Oural, mais jusqu'aux mers de Chine et des Indes. Les empereurs romains, au lieu de jouir bassement et honteusement des délices de la toute puissance, au lieu de ne songer qu'à satisfaire leurs vices et ceux de la tourbe romaine, auraient dû se consacrer à fortifier leurs armées, à continuer leurs campagnes et poursuivre leurs conquêtes. L'Asie entière, l'Afrique ensuite s'offraient à leurs efforts : Rome serait restée la grande nation conquérante et civilisatrice, la mollesse et les vices n'auraient pas corrompu le peuple le plus solide du monde. Les Barbares, relancés dans leurs repaires et leurs contrées sauvages, seraient devenus des tributaires et des soldats d'avant-garde des légions.

Ce que Trajan fit au-delà du Danube et dans les Carpathes, ces colonies militaires implantées sur les frontières comme des murailles vivantes, c'était une grande idée : il fallait la poursuivre, l'étendre en reportant tous les ans de nouvelles colonies à cent kilomètres plus loin...

Quand une nation s'arrête dans son développement, quand elle cesse de lancer de droite et de gauche de puissants rejetons, quand elle abandonne la politique d'action pour une politique de piétinement sur place ou de simple défense, cette nation entre dans une phase critique : elle cesse de croître et elle commence, à son insu, à décliner, car la loi du mouvement, de la lutte pour l'existence, de l'action en un mot, est une loi à laquelle nul ne peut se soustraire. Rester stationnaire au milieu des autres qui grandissent et qui luttent c'est se condamner à se trouver rapidement devancé, dépassé en forces matérielles et morales, car les énergies et les activités qui ne trouvent plus d'emploi s'affaiblissent, s'étiolent, disparaissent chez la nation qui se laisse vivre dans l'indolence, dans le farniente d'une trompeuse sécurité.

La raison d'être de la vie, pour tout et pour tous, c'est le mouvement perpétuel. Tout bouge, tout tourne, tout marche, tout s'élève et grandit dans l'univers, tout remue et s'agite sur les globes vivants qui roulent par millions dans l'immensité des espaces. L'homme est condamné à travailler et à lutter pour vivre, il doit courir sans cesse après un idéal ou une amélioration de son sort ; les peuples et les races subissent cette commune loi. Malheur à qui s'arrête en chemin, à qui se lasse de l'effort et de la lutte ! Qui ne s'accroît plus diminue, qui n'avance plus recule, qui ne monte plus décline : l'arrêt est l'indice d'un mal sans remède, car il n'est plus temps alors d'opter entre la continuation des jours de gloire ou le commencement du déclin. On est sur la pente glissante, on croit se relever et on tombe plus bas ; toutes les fictions des poètes et toutes les intrigues des politiques, toutes les phrases éloquentes des orateurs ne servent plus que d'oripeaux pour couvrir les ravages de la maladie : rien ne guérit de la décadence, car on ne s'en rend compte que lorsque la mort envahit le corps social... et il n'est plus temps alors !

Je ne suis pas content de la France : elle n'a pas une vitalité assez intense, elle se repose avant d'avoir rempli sa carrière, elle est lasse de tous les efforts qu'elle a faits sans succès, elle semble renoncer à tous ceux qui lui restent à faire. On l'endort dans une prospérité plus apparente que réelle, on l'aveulit dans une paix sans gloire et dans une sécurité trompeuse. Serait-elle émasculée? N'aurait-elle plus dans son sein les ressources inépuisables d'énergie, de courage, de ressort surhumain qu'elle semblait avoir jadis? Je regarde de tous côtés, je cherche dans les moindres détails des symptômes consolateurs; j'en vois, certes, quelques-uns qui sont bons, d'autres qui sont médiocres; je ne trouve pas cette fougue, cette flamme que je voudrais voir. Le feu sacré couve-t-il encore sous cette cendre tiède? ou m'aurait-on changé ma France?

O vous, qui la gouvernez, vous tous qui l'avez gouvernée depuis un siècle, quelle immense responsabilité sera la vôtre? Qu'avez-vous fait de ma France si héroïque, si belle et si grande? qu'en avez-vous fait? Je vous l'avais laissée, épuisée peut-être, fatiguée sans doute, mais ni avilie, ni pervertie, ni prostituée, ni lâche? Ma France !.. Mais je l'avais mise à l'école de la gloire... elle avait avec moi donné des leçons et des exemples à toute l'Europe, et c'était de grandes leçons et de grands exemples. On avait dit : *gesta Dei per Francos*. Je la croyais encore capable d'exécuter les desseins de Dieu. M'étais-je trompé? Non, car elle a de mon temps accompli des prodiges, quasi des miracles, et c'est pour elle que j'ai pu dire que le mot impossible n'existait pas ! Mais depuis lors? Ses gouvernants ont semblé trop souvent désespérer d'elle; faut-il faire comme eux? Faut-il hésiter à demander à la France l'effort qui peut la sauver, l'effort gigantesque qu'elle peut encore faire? Non, mille fois non. La France dort, mais elle se réveillera quand on le voudra. Elle est au bord de l'abîme, mais elle ne glisse pas encore sur la pente fatale. Criez-lui d'ouvrir les yeux et de secouer sa torpeur ! Qu'elle songe à ses devoirs envers l'humanité, à ses obligations envers elle-même. France, terre prédestinée des vaillants et des forts, debout ! Et que tes fils gardent toujours intacte leur foi en ton avenir, en ta grandeur, en ta mission providentielle !

Mais surtout qu'on ne trompe pas la France ! Que sous prétexte de patriotisme on ne la leurre pas de fanfaronnades et de sottises déclamatoires. Il faut dire au peuple la vérité et j'ai toujours détesté les rhéteurs et les sophistes : il sied à des hommes de voir en face les dangers et les conséquences de leurs actes ; il ne faut pas qu'ils s'illusionnent sur leurs propres forces ni sur les chimères. Ce qui *doit* être, ce qui *peut* être, *cela seul sera*.

Il faut donc rechercher ce qui *peut* être réalisable, *humainement parlant*, dans le domaine des choses qui *doivent* être réalisées. On m'a accusé d'être un esprit chimérique, alors que j'ai toujours été le plus positif et le plus mathématique des esprits : si je n'ai pas réussi dans la réalisation de mes projets, ce n'est point pour avoir voulu des choses *irréalisables*, c'est *seulement* pour avoir *forcé la machine* en allant trop vite, en précipitant les événements sans tenir compte du temps ni des forces humaines. Il aurait fallu un siècle pour ce que je voulais faire en vingt années ! Que mon exemple rappelle aux peuples et aux chefs d'États qu'il y a des limites à tout et que la force physique ne peut rien engendrer de durable sans le concours de la force morale !

Ce sont les idéologues et les sophistes qui ont perdu la France ; ils ont empoisonné le XVIIIe siècle de leurs radotages et de leurs sottises... Je l'ai dit au Sénat, le 20 décembre 1812 : « C'est à l'idéologie, à cette ténébreuse métaphysique qui, en recherchant avec subtilité les causes premières, veut sur ses bases fonder la législation des peuples, c'est à l'idéologie qu'il faut attribuer tous les malheurs de la France... C'est elle qui a amené le régime des hommes de sang, qui a proclamé le principe de l'insurrection comme un devoir... » On m'a beaucoup reproché cette apostrophe véhémente qui n'était que l'expression de mon indignation : on n'a pas compris ma pensée. Loin de moi l'idée de blâmer la philosophie, de critiquer les idées grandes et généreuses qu'elle a proclamées dans le monde depuis Socrate jusqu'à nos jours ; mais la philosophie n'est pas cette idéologie brouillonne, raisonneuse et pleine d'arguties que j'ai condamnée. Quel philosophe sérieux ne s'indignerait d'être traité de sophiste. Voltaire est un grand esprit et la plupart des encyclopédistes étaient des bavards imbéciles et des pédants pleins de sottise... Les idéologues ont été la plaie de Byzance et il n'est pas une billevesée qu'on soutient de nos jours qui n'ait été l'objet des discussions des sophistes du Bas-Empire. Que reste-t-il des paroles et des écrits de tant de rhéteurs et de barbouilleurs de parchemins? Il n'en resterait même pas le souvenir si les Pères de l'Église ne nous en avaient entretenu dans leurs œuvres impérissables. J'ai dit cet adjectif et j'appuie dessus : je crois à l'immortalité des idées, à l'œuvre immense et féconde des penseurs. Les grands et nobles esprits qui méritent le titre de sages, ceux-là sont les bienfaiteurs de l'humanité, il les faut vénérer et écouter. Mais les déclamateurs, les esprits faux, les propagandistes des doctrines malsaines, ceux qui trompent le peuple par d'ingénieux sophismes, par des mensonges séducteurs, ceux qui versent le venin de la corruption, de la bassesse, de la lâcheté et de tous les vices dans les âmes naïves, ceux-là je les hais et je les condamne de toutes mes forces. Puisse la France savoir discerner entre les charlatans et les vrais philosophes, entre la sagesse et la déraison ! Ce n'est que par une instruction solide et largement répandue que l'esprit populaire pourra se fortifier et s'élever à un niveau qui lui permettra de discerner le bon grain de l'ivraie, de repousser dans l'ombre les faussetés et les erreurs et de vouer un culte raisonné à tout ce qui est grand, à tout ce qui est beau, à tout ce qui est bien.

Qui oserait nier que le monde marche? Qui oserait prétendre que l'humanité ne tend pas vers un avenir meilleur, vers une certaine perfection sociale et morale qu'elle n'atteindra peut-être jamais, mais qui dénote un idéal vaguement entrevu ou deviné par tous les esprits? L'histoire universelle des peuples se chargerait de nous convaincre de cette vérité : toutes les sociétés évoluent et se transforment par des révolutions, des guerres, des conquêtes qui, même lorsqu'elles semblent la négation de la civilisation, finissent par faire faire un nouveau pas en avant à l'humanité. « Les sociétés anciennes périssent : de leurs ruines sortent des sociétés nouvelles : lois, mœurs, usages, coutumes, opinions, principes même, tout est changé. Une grande révolution est accomplie, une grande révolution se prépare : » Qui parle ainsi? Un écrivain de génie, dont j'aurais voulu faire mon collaborateur et mon ami : M. de Chateaubriand, et qui, par un faux point d'honneur, par une conception mesquine de ses devoirs envers sa naissance et les traditions de sa famille, a été mon plus terrible adversaire. Il n'a commencé à me comprendre qu'après ma mort; moi, je l'avais compris et admiré, comme un noble esprit, dès la publication de son *génie du Christianisme;* cet homme aurait dû être à mes côtés au lieu d'être contre moi. J'en parlais souvent à Fontanes et je regrette de n'avoir pas assez insisté. Peut-être aussi l'humeur orgueilleuse et hautaine de Chateaubriand le prédestinait-elle à se ranger parmi ceux qu'offusquaient ma fortune trop éclatante et mon règne trop rapide?

Mais qu'importe ! L'âme voit, connaît, juge tout à sa juste valeur — et je ne suis plus qu'une âme ! Vous pouvez m'en croire : Chateaubriand est le plus grand génie du début de ce XIX⁰ siècle qui est *mon siècle*. Et il lui est arrivé à lui, comme à moi, qu'on ne l'a pas compris plus que moi-même.

Toutes ses idées — j'entends les grandes et lumineuses idées qu'il a exposées dans ses écrits — étaient les miennes. Il ne faut pas juger cet écrivain de génie d'après les discours et les écrits que la politique lui fit commettre et qu'il regretta plus tard comme de mauvaises actions. Il a expié par ses insuccès et par ses déconvenues le tort d'avoir cherché à donner de bons conseils à la Restauration et de vouloir ensuite essayer de défendre des principes indéfendables. Quand il s'est fait l'avocat de causes mauvaises, il a été très au-dessous de lui-même : lorsqu'il s'est borné à traiter les grandes questions qui lui permettaient d'être impartial et juste, il a été le sage et admirable penseur qui éclaire tout de ses lumières.

Être juste, être impartial, ne vous semble-t-il pas que cela ait été jusqu'à ce jour ce qu'il y a eu de plus rare, de plus difficile pour les hommes? Un être vivant, un homme surtout, emporté par le torrent de la vie, par la lutte pour l'existence, dominé par ses passions, peut-il être impartial? Il lui est plus aisé d'être juste, mais la justice n'a été parfaite que chez les saints... et les saints sont des êtres d'exception, plus sévères pour eux que pour les autres hommes.

CHAPITRE XIX

LE PROGRÈS ET L'HUMANITÉ

Les idées aident le progrès, mais la force y contribue aussi. — Napoléon fut chrétien sincère. — La vérité et la raison, bases de la Société. — Les trois vérités de Chateaubriand. — Établissons l'unité chrétienne. — Il faut aux peuples une morale et une religion.

Le progrès est une évolution naturelle, lente, inconsciente même de l'humanité. Que les idées en soient le principal moteur, certes je ne songe point à le contredire ! Mais que la force n'y contribue pas un peu, n'y ait pas surtout contribué beaucoup, cela est également indiscutable... et, dans cette évolution du monde, on peut même ajouter que les mutations les plus apparentes, les plus marquées ont été dues à de grandes guerres, à de grandes conquêtes, à des invasions et à des révolutions ! Faut-il sous-entendre que le doigt de Dieu s'est révélé dans ces secousses terribles qui ont transformé les Sociétés, renversé les empires, bouleversé le monde? Bossuet répondrait pour moi — (et avec quelle éloquence) — que rien ne s'est passé dans l'Univers que pour l'accomplissement de la parole de Dieu. Bossuet est un grand penseur, mais Chateaubriand le trouve un peu étroit et il a raison : « La société est un dessein de Dieu ; c'est par le Christ, selon Bossuet, que Dieu accomplit ce dessein, mais le christianisme n'est point un cercle inextensible, c'est au contraire un cercle qui s'élargit à mesure que la civilisation s'étend ; il ne comprime, il n'étouffe aucune science, aucune liberté. Le dogme, dit encore Chateaubriand, qui nous apprend que l'homme dégradé retrouvera ses fins glorieuses, présente un sens spirituel et un sens temporel : par le premier, l'âme paraîtra devant Dieu lavée de la tache originelle ; par le second, l'homme est réintégré dans les lumières qu'il avait perdues en se livrant à ses passions, cause de sa chute. »

Chateaubriand est un chrétien sincère : je l'ai toujours été, moi aussi. J'ai toujours cru en Dieu et désiré son Église respectée et une religion qui s'impose à tous les cœurs par sa simplicité et son charme divin.

Chateaubriand m'a blâmé de vouloir prendre pour les bases de la Société la vérité et la raison, « la vérité, qu'aucun homme ne connaît, disait-il, et la raison qui n'a jamais séché une larme » ! Mais ces bases sont pourtant les seules bases indestructibles d'un gouvernement, que dis-je ? d'une société policée. La raison est froide, insensible et sereine, elle doit seule présider aux destinées des races et des peuples : elle est la compagne inséparable de la vérité... et la meilleure preuve que la vérité est le fondement même de tout l'ordre social, c'est que Chateaubriand s'écrie :

Trois vérités forment la base de l'édifice social : la vérité religieuse, la vérité philosophique, la vérité politique.

La vérité religieuse est la connaissance d'un Dieu unique, manifestée par un culte.

La vérité philosophique est la triple science des choses intellectuelles, morales et naturelles.

La vérité politique est l'ordre et la liberté : l'ordre est la souveraineté exercée par le pouvoir, la liberté est le droit des peuples.

Moins la cité est développée, plus ces vérités sont confuses ; elles se combattent dans la cité imparfaite ; mais elles ne se détruisent jamais : c'est de leur combinaison avec les esprits, les passions, les erreurs, les événements, que naissent les faits de l'histoire. A travers le bruit ou le silence des nations, dans la profondeur des âges, dans les égarements de la civilisation ou dans les ténèbres de la barbarie, on entend toujours quelque voix solitaire qui proclame les trois vérités fondamentales dont l'usage constant et la connaissance complète produiront le perfectionnement de la société.

Cette société, tout en ayant l'air de rétrograder quelquefois, ne cesse de marcher en avant. La civilisation ne décrit point un cercle parfait et ne se meut pas en ligne droite ; elle est sur la terre comme un vaisseau sur la mer ; ce vaisseau, battu de la tempête, louvoie, revient sur sa trace, tombe au-dessous du point d'où il est parti ; mais enfin, à force de temps, il rencontre des vents favorables, gagne chaque jour quelque chose dans son véritable chemin et surgit au port vers lequel il avait déployé ses voiles.

Chateaubriand veut trois vérités au lieu d'une, qui les comprendrait toutes : ce n'est réellement pas le lieu de le chicaner. Mais, en les examinant avec lui, je veux vous indiquer combien je l'approuve et comment je conçois en même temps les bases inébranlables et fondamentales de la Société moderne.

Il est évident que la vérité religieuse est la base la plus solide de toutes les sociétés : je dis *la vérité religieuse*, comme Chateaubriand, et non la religion, car les hommes ne sont pas encore assez éclairés ni assez civilisés pour n'avoir qu'une *seule religion*. Actuellement la *vérité religieuse* apparaît aux esprits initiés et aux savants, elle est encore troublée pour les peuples. Il y a plusieurs religions, les unes qui ne reposent que sur des chimères, d'autres qui ont pour dessein de glorifier un Dieu unique : les premières sont appelées à disparaître à mesure que les lumières se répandront dans les intelligences, les secondes sont destinées à se fondre en une seule et même religion qui est le Christianisme.

Il faut être chrétien, il faut l'être par la raison et par la science, il faut l'être dans le sens le plus élevé de ce noble terme. Quoi de plus sublime que cette profession de sa foi écrite par Chateaubriand :

Je crois très sincèrement : j'irais demain pour ma foi d'un pas ferme à l'échafaud.

Je ne démens pas une syllabe de ce que j'ai écrit dans le *Génie du Christianisme ;* jamais un mot n'échappera à ma bouche, une ligne à ma plume, qui soit en opposition avec les opinions religieuses que j'ai professées depuis vingt-cinq ans.

Voilà ce que je suis.

Voici ce que je ne suis pas :

Je ne suis point chrétien par patentes de trafiquant en religion : mon brevet n'est que mon extrait de baptême. J'appartiens à la communion générale, naturelle et publique de tous les hommes qui, depuis la création, se sont entendus d'un bout de la terre à l'autre pour prier Dieu.

Je ne fais point métier et marchandise de mes opinions. Indépendant de tout, fors de Dieu, je suis chrétien sans ignorer mes faiblesses, sans me donner pour modèle, sans être persécuteur, inquisiteur, délateur ; sans espionner mes frères, sans calomnier mes voisins.

Je ne suis point un incrédule déguisé en chrétien, qui propose la religion comme un frein utile aux peuples. Je n'explique point l'Évangile au profit du despotisme, mais au profit du malheur.

Si je n'étais pas chrétien, je ne me donnerais pas la peine de le paraître : toute contrainte me pèse, tout masque m'étouffe ; à la seconde phrase, mon caractère l'emporterait et je me trahirais. J'attache trop peu d'importance à la vie pour m'ennuyer à la parer d'un mensonge.

Se conformer en tout à l'esprit d'élévation et de douceur de l'Évangile ; marcher avec le temps ; soutenir la liberté par l'autorité de la religion ; prêcher l'obéissance à la Charte comme la soumission au roi ; faire entendre du haut de la chaire des paroles de compassion pour ceux qui souffrent, quels que soient leur pays et leur culte ; réchauffer la foi par l'ardeur de la charité : voilà, selon moi, ce qui pouvait rendre au clergé la puissance légitime qu'il doit obtenir : par le chemin opposé, sa ruine est certaine. La société ne peut se soutenir qu'en s'appuyant sur l'autel ; mais les ornements de l'autel doivent changer selon les siècles, et en raison des progrès de l'esprit humain. Si le sanctuaire de la Divinité est beau à l'ombre, il est encore plus beau à la lumière : la croix est l'étendard de la civilisation.

Je ne redeviendrai incrédule que quand on m'aura démontré que le christianisme est incompatible avec la liberté ; alors je cesserai de regarder comme véritable une religion opposée à la dignité de l'homme. Comment pourrais-je le croire émané du ciel un culte qui étoufferait les sentiments nobles et généreux, qui rapetisserait les âmes, qui couperait les ailes du génie, qui maudirait les lumières au lieu d'en faire un moyen de plus pour s'élever à l'amour et à la contemplation des œuvres de Dieu ? Quelle que fût ma douleur, il faudrait bien reconnaître malgré moi que je me repaissais de chimères : j'approcherais avec horreur de cette tombe où j'avais espéré trouver le repos, et non le néant.

Mais tel n'est point le caractère de la vraie religion ; le christianisme porte pour moi deux preuves manifestes de sa céleste origine : par sa morale, il tend à nous délivrer des passions ; par sa politique, il a aboli l'esclavage. C'est donc une religion de liberté : c'est la mienne.

Rapprochez de ces paroles les pages *prophétiques* que voici, qui ont été écrites en 1831 :

Je dis qu'à l'époque où le peuple disparut, le peuple se fit prêtre et conserva sous ce déguisement l'usage et la souveraineté de ses droits : c'est l'ère du christianisme. Le christianisme dut entrer dans l'État et s'emparer du pouvoir temporel, lorsque toutes les lumières furent concentrées dans le clergé. La liberté est chrétienne.

Selon moi, le christianisme devint politique au moyen âge par une nécessité rigoureuse : quand les nations eurent perdu leurs droits, la religion, qui seule alors était éclairée et puissante, en devint la dépositaire. Aujourd'hui que les peuples

les reprennent, ces droits, la papauté abdiquera naturellement les fonctions temporelles, résignera la tutelle de son grand pupille arrivé à l'âge de majorité. Déposant l'autorité politique dont il fut justement investi dans les jours d'oppression et de barbarie, le clergé rentrera dans les voies de la primitive Église, alors qu'il avait à combattre la fausse religion, la fausse morale et les fausses doctrines philosophiques. *Je pense que l'âge politique du christianisme finit ; que son âge philosophique commence ;* que la papauté ne sera plus que la source où se conservera le principe de la foi prise dans le sens le plus rationnel et le plus étendu. L'unité catholique sera personnifiée dans un chef vénérable représentant lui-même le Christ, c'est-à-dire les vérités de la nature de Dieu et de la nature de l'homme. Que le souverain pontife soit à jamais le conservateur de ces vérités auprès des reliques de saint Pierre et de saint Paul ! Laissons dans la Rome chrétienne tout un peuple tomber à genoux sous les mains d'un vieillard. Y a-t-il rien qui aille mieux à l'air de tant de ruines? En quoi cela pourrait-il déplaire à notre philosophie ? Le pape est le seul prince qui bénisse ses sujets.

La vérité religieuse ne s'anéantira point, parce qu'aucune vérité ne se perd ; mais elle peut être défigurée, abandonnée, niée dans certains moments de sophisme et d'orgueil par ceux qui, ne croyant plus au Fils de l'Homme, sont les enfants ingrats de la nouvelle synagogue. Or, je ne sache rien de plus beau qu'une institution consacrée à la garde de cette vérité d'espérance où les âmes se peuvent venir désaltérer comme à la fontaine d'eau vive dont parle Isaïe. Les antipathies entre les diverses communions n'existent plus ; les enfants du Christ, de quelque lignée qu'ils proviennent, se sont serrés au pied du Calvaire, souche naturelle de la famille. Les désordres et l'ambition de la cour romaine ont cessé ; il n'est plus resté au Vatican que la vertu des premiers évêques, la protection des arts et la majesté des souvenirs. Tout tend à recomposer l'unité catholique ; avec quelques concessions de part et d'autre l'accord serait bientôt fait. Je répéterai ce que j'ai dit : pour jeter un nouvel éclat, le christianisme n'attend qu'un génie supérieur venu à son heure et dans sa place. La religion chrétienne entre dans une ère nouvelle ; comme les institutions et les mœurs, elle subit la troisième transformation. Elle cesse d'être politique, elle devient philosophique sans cesser d'être divine; son cercle flexible s'étend avec les lumières et les libertés, tandis que la croix marque à jamais son centre immobile.

Lisez et méditez ces idées profondes : quel malheur que Chateaubriand ne les ait pas eues en 1803 ou qu'il n'ait pas eu alors le courage de les formuler ! Voilà ce que je voulais, voilà ce que je suggérais à ce brave homme de Pie VII, bon prêtre, mais pape incapable, d'un esprit sans envergure et qui ne soupçonnait pas toute la grandeur de la mission qu'il devait remplir comme chef de l'Église... Il faut faire l'unité chrétienne dans un catholicisme libéral et tolérant, qui s'appuiera sur la raison et la science, sur la philosophie et la liberté de conscience ; ce sera la religion idéale, parce que ce sera la religion *divine* que Jésus a donnée aux hommes avec son sang.

Du temps de Charlemagne, être chrétien était synonyme d'être savant : toute la philosophie, toute la science étaient contenues dans les monastères, dans les églises, dans la foi catholique que les Conciles et les Pères de l'Église avaient formulée. Il faut que, de nos jours, la religion chrétienne redevienne philosophique et scientifique... et je sais qu'elle le redeviendra bien vite.

Michelet n'a-t-il pas écrit : « Que Dieu rentre dans la science ! Comment a-t-elle pu s'en passer si longtemps?... Revenez chez nous, Seigneur, tout indignes que nous sommes... Ah ! que vous serez bien reçu ! Est-ce que vous n'êtes pas notre légitime héritage ? Et tant que la science était éloignée de vous, était-elle donc une science ? »

Comment est-il possible, dirai-je à mon tour, que des hommes sérieux puissent envisager une société sans religion, alors que nul ne peut envisager la création sans un créateur, l'univers sans son Dieu? Pour ma part, fils de la Révolution et du siècle le plus libertin et le plus imbu de sottise sophistique qu'il y ait eu, je n'ai jamais cessé d'être un croyant : je croyais en Dieu durant ma vie ; aujourd'hui que j'ai cessé d'appartenir à la terre et que je suis devenu une âme, je fais plus que d'y croire, je me plonge avec ivresse dans sa bonté infinie et j'adore le Créateur qui m'a élevé et qui m'a frappé pour la plus grande gloire de ses desseins secrets.

Pourquoi ces querelles byzantines, pour des mots ou pour des détails sans importance, entre les diverses sectes chrétiennes? Pourquoi une église orthodoxe russe, une église grecque, une église romaine, une église anglicane? Pourquoi d'innombrables sectes protestantes? Pourquoi continuer à déformer la religion du Christ? Il faut que les esprits les plus éclairés et les plus sages de toutes les *églises chrétiennes* se préoccupent de cette grande question : *l'unité chrétienne*. Il faut qu'ils se réunissent pour formuler, non pas des dogmes nouveaux, mais une déclaration solennelle de tolérance et de concessions mutuelles, afin de proclamer que quiconque confesse dans son acception la plus large et la plus généreuse le symbole du Concile de Nicée a droit de faire partie de l'Église chrétienne et catholique. Ne sera-ce pas en effet répondre à l'esprit même de la religion, puisque cette religion s'intitule *catholique*, c'est-à-dire *universelle*.

Les philosophes anciens avaient une grande admiration pour ces premières paroles de l'Évangile selon saint Jean : « *Au commencement était le Verbe, et le Verbe était en Dieu et le Verbe était Dieu ;* » ils disaient qu'il fallait les écrire en lettres d'or au frontispice des temples ; saint Basile assure qu'ils étaient allés jusqu'à s'emparer de ces paroles et à les insérer, comme leur appartenant, dans leurs ouvrages.

Amélius, disciple de Plotin, est atteint et convaincu par Eusèbe de Césarée, Théodoret et saint Cyrille d'Alexandrie, d'être un plagiaire de l'Évangile de saint Jean, de cet apôtre qu'Amélius appelle dédaigneusement un Barbare. Théodoret compare les néoplatoniciens, imitateurs des fidèles (et en particulier Porphyre), à des singes et à la corneille d'Ésope.

Il conviendrait d'examiner si, avant le christianisme révélé, il n'y a pas eu un christianisme obscur, universel, répandu dans toutes les religions et dans tous les systèmes philosophiques de la terre ; si l'on ne retrouve pas partout une idée confuse de la Trinité, du Verbe, de l'Incarnation, de la Rédemption, de la chute primitive de l'homme ; si le christianisme ne fit pas sortir du fond du sanctuaire les doctrines mystérieuses qui ne se transmettaient que par l'initiation ; si, portant en lui sa propre lumière, il n'a pas recueilli toutes les lumières qui pouvaient s'unir à son essence ; s'il n'a pas été une sorte d'éclectisme supérieur, un choix exquis des plus pures vérités.

L'œuvre du Concile de Nicée est admirablement exposée dans les pages que voici :

Pour la première fois encore, depuis les jours de Moïse, émancipateur de l'homme au milieu des nations esclaves de l'ignorance et de la force, se renouvela la manifestation divine du Sinaï ; comme autour du camp des Hébreux, les idoles étaient debout autour du concile de Nicée, lorsque les interprètes de la nouvelle loi proclamèrent la suprême vérité du monde : l'existence et l'unité de Dieu. Les fables des prêtres, qui avaient caché le principe vivant, les mystères dans lesquels les philosophes l'avaient enveloppé, s'évanouirent : le voile du sanctuaire fut déchiré avec la croix du Christ ; l'homme vit Dieu face à face. Alors fut composé ce symbole que les chrétiens répètent, après quinze siècles, sur toute la surface du globe ; symbole qui expliquait celui dont les apôtres et leurs disciples se servaient comme de mot d'ordre pour se reconnaître ; en les comparant, on remarque les progrès du temps et l'introduction de la haute métaphysique religieuse dans la simplicité de la foi.

« Nous croyons en un seul Dieu, père tout-puissant,

« créateur de toutes choses visibles et invisibles, et en un
« seul Seigneur Jésus-Christ, fils unique de Dieu, engendré
« du Père, c'est-à-dire de la substance du Père, Dieu de
« Dieu, lumière de lumière, vrai Dieu de vrai Dieu, engendré
« et non fait, consubstantiel au Père, par qui toutes choses
« ont été faites au ciel et sur la terre... Nous croyons au
« Saint-Esprit. »

Le concile de Nicée a fait ces choses immenses ; il a proclamé l'unité de Dieu et fixé ce qu'il y avait de probable dans la doctrine de Platon. Constantin, dans une harangue aux Pères du concile, déclare et approuve ce que ce philosophe admet : un premier Dieu suprême, source d'un second ; deux essences égales en perfections, mais l'une tirant son existence de l'autre, et la seconde exécutant les ordres de la première. Les deux essences n'en font qu'une ; l'une est la raison de l'autre, et cette raison étant Dieu est aussi fils de Dieu.

La philosophie la plus haute, la science la plus profonde ne peuvent plus aujourd'hui que s'incliner devant le symbole de Nicée. Chateaubriand l'a dit encore, avec une force merveilleuse :

La vérité philosophique est l'indépendance de l'esprit de l'homme ; elle a combattu autrefois la vérité politique et surtout la vérité religieuse ; principe de destruction dans l'ancienne société, elle est principe de durée dans la société nouvelle, parce qu'elle se trouve d'accord avec la vérité politique et la vérité religieuse perfectionnées.

La vérité religieuse est la connaissance d'un Dieu unique manifestée par un culte. Le vrai culte est celui qui explique le mieux la nature de la Divinité et de l'homme ; par cette seule raison le christianisme est la religion véritable.

Soit qu'on le regarde avec les yeux de la foi ou avec ceux de la philosophie, le christianisme a renouvelé la face du monde.

Le christianisme n'est point le cercle inflexible de Bossuet ; c'est un cercle qui s'étend à mesure que la société se développe ; il ne comprime rien ; il n'étouffe rien ; il ne s'oppose à aucune lumière, à aucune liberté.

Un historien des plus distingués n'a-t-il pas reconnu cette vérité quand il a dit :

Pour évangéliser la terre, que présentons-nous à la terre ? Un christianisme divisé. Ce qui, dans les missions, a commencé le mal, c'est l'inimitié des ordres ; ce qui l'a achevé, c'est l'inimitié des cultes !

Partout on a vu, aux extrémités du globe, le catholicisme et le protestantisme se paralyser mutuellement. Disputés par ces influences contraires, que peuvent faire l'islamisme, le brahmanisme, le boudhisme, sinon attendre que nous soyons entre nous d'intelligence ? Le premier pas à faire est donc de tendre nous-mêmes, non pas à éterniser les discordes, mais à manifester l'unité vivante du monde chrétien ; car nous ne sommes pas seuls dans l'attente du jour qui doit réunir tous les peuples dans le peuple de Dieu. De tant de religions qui se partagent la terre pas une seule qui n'aspire à effacer toutes les autres par je ne sais quel coup de la providence. Et pourtant voyez-les : elles n'entreprennent plus rien de sérieux les unes sur les autres ; à peine si elles se dérobent par surprise quelques individus ; au reste, plus de projet avoué de se mesurer au grand jour. Je ne sais quoi leur dit qu'elles ne peuvent se vaincre. Supposez que des siècles se passent, vous les trouveriez après cela au même lieu, seulement plus immobiles encore. Quoi que l'on fasse, tels qu'ils sont, ni le catholicisme n'extirpera le protestantisme, ni le protestantisme n'extirpera le catholicisme.

Faut-il donc renoncer à l'unité, à la fraternité, à la solidarité promise ? Mais c'est renoncer au christianisme. Vivre indifféremment, l'un à côté de l'autre, comme dans deux sépulcres, sans plus aucun espoir de se toucher le cœur ? Cela est la pire des morts. Recommencer des luttes aveugles et sanglantes, cela est impie et impossible. Au lieu de s'amuser à tant de haines stériles, j'imagine donc qu'il vaudrait beaucoup mieux travailler sérieusement sur soi-même à développer l'héritage et la tradition reçue. Car, au sein de cette immobilité profonde de cultes qui se tiennent mutuellement en échec, l'avenir appartiendra non à celui qui harcellera le plus ses rivaux, mais à celui qui osera faire un pas. Tous les autres obéiraient à cette manifestation de vie.

Ce premier pas seul rouvrirait les empires fermés aujourd'hui aux missionnaires de la lettre. Tant de peuples maintenant suspendus, dont on n'espère plus rien, sentant l'impulsion de l'esprit qui rentre dans le monde, se relèveraient, achèveraient leur itinéraire vers Dieu ; et, la guerre intestine cessant dans le christianisme, l'entreprise des missions pourrait se consommer un jour.

« Et ce même esprit des plus savants et des plus éclairés écrivait en 1843 :

Ce sera une des conséquences du dogme social de s'élever à cette hauteur où les églises, divisées, partagées, ennemies, peuvent s'attirer et se concilier entre elles. Ce point de vue, qui est celui que la France a recueilli dans ses institutions, est aussi celui de la science ; elle ne vit pas dans le tumulte des controverses, mais dans une région plus sereine. Si l'unité promise doit un jour se réaliser, si tant de croyances aujourd'hui opposées, armées les unes contre les autres, doivent, comme on l'a toujours annoncé, se rapprocher dans le règne de l'avenir, si une même église doit rassembler un jour les tribus dispersées aux quatre vents, si les membres de la famille humaine aspirent secrètement à se fondre dans la même solidarité, si la tunique du Christ, tirée au sort sur le Calvaire, doit reparaître jamais dans son intégrité, je dis que la science accomplit une bonne œuvre en entrant la première dans cette voie de l'alliance. On aura pour ennemis ceux qui aiment la haine et la division dans les choses sacrées. N'importe, il faut persévérer ; c'est l'homme qui divise, c'est Dieu qui réunit.

J'insiste sur tout cela, car il n'est pas de question plus grave ni plus importante : tout l'avenir de la société humaine repose là-dessus. De cette union de la vérité religieuse avec la vérité philosophique, de cette tolérance engendrée par une liberté absolue de l'esprit humain, découleront les plus grands bienfaits dans l'ordre moral et dans l'ordre politique lui-même.

Il faut aux peuples une morale et il ne peut l'avoir

que par une religion : tout passe, la religion reste, elle grandit à mesure que l'esprit des peuples s'élève. Que chaque peuple ait son église, s'il le veut, qu'il ait ses prêtres et ses coutumes diverses d'adorer le Créateur, mais qu'un même principe, la même religion animent toutes ses églises et les vivifient !

Sur ces églises qui se partageront le monde, qui sera alors un monde chrétien, le pape étendra sa bénédiction et le secours de ses lumières et de celles du collège des cardinaux, qui représenteront chacune des églises fédérées dans le Christianisme. Le pape ne sera plus un grand politique, ni un grand chef d'État ; il n'aura plus aucun pouvoir temporel, il ne prétendra à aucune domination, à aucun empire terrestre ; vieillard vénérable, élu parmi les plus pieux ministres de Dieu, il sera universellement vénéré et aimé pour ses vertus qu'il donnera en exemples au monde, pour les conseils de bonté et de charité qu'il prodiguera aux chefs des peuples. Son rôle sera immense, mais sera d'autant plus grand qu'il sera purement moral, d'autant plus bienfaisant qu'il sera tout de persuasion et de mansuétude. Le pape sera alors le véritable apôtre de Dieu sur cette terre, il veillera à la stricte observance de la morale chrétienne et présidera à l'évolution continue de l'humanité vers l'âge d'or de la vie terrestre au milieu de la paix, de l'ordre, de la floraison des arts et des lettres, sur un sol que la science dotera pour les humains de tous les progrès d'exploitation et qui les comblera, en échange, de toutes les richesses connues et inconnues qu'il recèle dans ses entrailles.

CHAPITRE XX

LE RÈGNE DE LA RAISON

Vérité philosophique et vérité religieuse ne font qu'une. — La vérité politique, c'est l'ordre et la liberté. — Je n'ai jamais rêvé une dictature héréditaire. — Une discipline sociale. — Le principe du pouvoir. — La Constitution de l'an VIII. — Instruction publique, enseignement moral et philosophique. — Tous les hommes sont solidaires. — Le devoir social. — Le droit au travail et le droit a l'assistance.

Vérité philosophique, vérité religieuse, en réalité elles ne font qu'une ; elles sont indivisibles et indissolubles, elles ne peuvent vivre l'une sans l'autre, elles se complètent mutuellement, elles sont indispensables à l'humanité... et l'humanité n'arrivera à les posséder que par la liberté, cette liberté de l'esprit qui établira le règne de la Raison.

C'est la base essentielle de toute société qui veut durer ; ce sera la base indestructible de la Société future. Religion et science, unies dans un même dessein et se confondant dans un même criterium, *voilà la pierre sur laquelle nous devons bâtir non seulement l'Église universelle, mais l'empire universel ou, si vous préférez, la République universelle.*

Nous touchons maintenant à la vérité politique, et ici encore je me rencontre avec Chateaubriand, mais je le complète. Voici comment : « La vérité politique, dit-il, n'est que l'ordre et la liberté, quelles que soient les formes ! » J'ajouterai : le gouvernement idéal est celui qui, sauvegardant complètement la liberté, assurera aux peuples la jouissance et le plein exercice de cette même liberté, en veillant au maintien de l'ordre à l'intérieur et à l'extérieur des frontières. Il y a un *ordre international* tout comme un *ordre public* et il faut arriver à unifier *le droit des hommes* avec le *droit des gens*.

La liberté se conçoit évidemment plutôt sous la forme républicaine que sous toute autre ; mais elle n'est pas exclusivement dans la République. Elle peut fleurir dans une monarchie constitutionnelle, dans une société fortement hiérarchisée où le libre examen et la discussion publique permettraient à l'opinion de tous de prévaloir et de gouverner.

Mais la liberté est incompatible avec la licence, l'anarchie et le désordre, aussi bien qu'avec le despotisme ; ils en sont la négation.

Une dictature peut être le salut de la liberté publique à un moment donné, mais une dictature héréditaire serait par cela seul l'oppression de la liberté ou l'asservissement d'un peuple. Je n'ai jamais rêvé d'une telle atteinte aux principes qui doivent régir l'humanité. J'ai voulu être dictateur pour arriver à l'accomplissement de mes desseins qui étaient gigantesques et qui ne pouvaient s'exécuter qu'avec ma seule volonté ; mais je songeais toujours à donner au peuple une constitution capable de lui assurer l'exercice et la jouissance de la liberté, de cette liberté qui avait été violée, méconnue et transformée en tyrannie atroce par ceux-là même qui l'avaient proclamée et inscrite sur tous les édifices publics de France et qui se servaient de cette parole magique, de ce principe sublime, pour conduire la France dans un chaos sanglant. La liberté, mais c'est le contraire même de cette Terreur qui restera la honte et l'opprobre des illuminés et des pantins sinistres qui en avaient fait une institution. *Liberté, égalité, fraternité !* c'est parfait, il n'est pas de plus belle, de plus noble devise. Mais *Liberté ou la mort*, qu'est-ce que cela voulait dire? C'était une parodie criminelle, qui fait frémir la conscience des honnêtes gens.

On m'a toujours accusé de tyrannie : ai-je besoin de protester contre une telle injustice? Plus qu'aucun autre, j'ai voulu donner à la France une discipline sociale. *Il le fallait à mon époque, il le faudrait plus encore actuellement.* Soldat avant tout, je savais par expérience que rien ne se fait sans obéissance, sans le respect du pouvoir.

J'ai instauré le principe de gouvernement, et avec une force sans égale ; mais qui donc m'en blâmerait? Et qui donc en France n'applaudirait demain avec enthousiasme au ministre qui ferait respecter ce principe, à la Chambre des députés qui le rappellerait au peuple entier, si ce principe venait à être méconnu ou oublié? Le peuple, ayant la liberté de faire connaître son opinion, de nommer ses députés, de choisir le pouvoir public, doit aussi avoir conscience de ses devoirs, et le premier de tous c'est d'obéir fidèlement aux lois.

Le pouvoir admis dans l'État a pour devoir primordial d'établir et de maintenir l'ordre : tout le principe de gouvernement est là ; et plus un gouvernement est populaire, plus il doit être sévère et rigoureux dans l'exercice des principes d'autorité, dans l'application de la loi à tous et pour tous.

Je ne suis pas de ceux auxquels les mots font peur, mais j'aime les mots qui traduisent des choses réalisables et sensées. Le suffrage universel, je n'en fus jamais l'ennemi, et mes quatre plébiscites le prouvent bien... Mais le système des notables de la constitution de l'an VIII valait peut-être mieux que beaucoup d'autres ! L'égalité des hommes devant la loi, soit ! L'égalité des hommes devant le scrutin, c'est différent. Les hommes ne sont pas égaux par l'intelligence, par la valeur morale : qui dira le contraire mentira ! Donner un bulletin de vote à tous, l'avenir prouvera si c'est le vrai moyen de sauvegarder la liberté publique... Pour moi, les illettrés d'abord ne devraient pas voter ; ceux qui ne savent ni lire ni écrire ne devraient pas avoir l'honneur d'être considérés comme des citoyens... Mais cela n'est que peu de chose : ce qu'il faut, c'est trouver le moyen de permettre à l'opinion publique, c'est-à-dire aux opinions populaires, de se faire jour dans les assemblées législatives et, partant, de s'y faire représenter. Ne touchez donc pas au suffrage universel pour l'emprisonner ou le restreindre, mais pour l'améliorer et en faire un instrument impartial et juste, dont la masse électorale pourra se servir utilement pour exprimer ses pensées, ses désirs et ses volontés.

Lorsque tous les hommes dans un pays seront arrivés à un état d'instruction qui leur permettra, non d'être des savants, mais d'être assez éclairés pour lire avec fruit et pour juger avec bon sens et logique, on pourra dire que ce pays est une véritable République. C'est alors que le bulletin de vote sera dans la main de ce peuple une institution, non seulement respectable, mais admirable. Mais il est de toute nécessité qu'à côté de l'enseignement des écoles, il y ait pour ce peuple une éducation morale et philosophique. C'est à la tête du corps enseignant, à l'Université et à son Conseil, qu'il appartiendra de définir et de préciser les principes philosophiques qu'il faudra donner aux enfants. Vérité philosophique et vérité religieuse étant unies et alliées, il ne sera pas difficile, à l'avenir, pour les hommes de savoir et de cœur qui dirigent les destinées des écoles, de placer l'idéal chrétien comme la clé de voûte de la société, en exaltant sa philosophie consolatrice et sa morale divine.

En apprenant à lire, à écrire, à aimer la liberté et la justice, à adorer un créateur sublime, il faut qu'on apprenne à l'enfant à méditer, à lire, à écouter, en un mot *à apprendre*. Si les savants en sont arrivés à confesser au bout de leur vie d'études qu'ils savent seulement *qu'ils ne savent rien*, comment voudrait-on enseigner toute la science à des enfants, à la masse surtout enfantine qui, au sortir des bancs de l'école, deviendra des artisans, des ouvriers, des agriculteurs !

Il faut semer de la raison et du bon sens dans les jeunes cerveaux, il faut y répandre de sages doctrines. En leur apprenant les bienfaits de la liberté, il faut leur répéter cette grande parole du Christ : *tous les hommes sont solidaires*. Tous, vous venez d'un père qui fut engendré par un autre homme et ainsi de suite ; tous, vous êtes plus ou moins les frères, les cousins, les parents les uns des autres. A ce mot d'*égalité*, je voudrais qu'on ajoutât celui de *solidarité* qui doit être le principe des sociétés futures, la garantie de leur bonheur.

Et la solidarité mutuelle des hommes, cet appui qu'ils se doivent réciproquement, il faut l'expliquer, la développer en inculquant à l'enfant, afin qu'il y obéisse quand il sera citoyen, le sentiment profond, indéracinable du *devoir social*.

La vérité politique, c'est l'ordre dans la liberté; mais vous n'obtiendrez l'ordre dans la liberté, que lorsque tous les citoyens, conscients de leurs droits, seront conscients aussi de leurs devoirs. Et, pour mieux synthétiser ma pensée, je la formulerai ainsi : la vérité politique, c'est la liberté, avec le respect du droit et la conscience du Devoir.

Le *devoir*... quel grand mot ! Mais jamais les politiciens ne l'ont sur les lèvres quand ils parlent au peuple. Il semble qu'ils n'osent pas le prononcer, ce mot redoutable ! Et pourquoi? Parler de leurs droits aux hommes n'est-ce pas implicitement leur parler de leurs devoirs? Un droit, quel qu'il soit, ne confère-t-il pas toujours des devoirs? Et les droits de chacun ne sont-ils pas, en quelque sorte, la résultante des devoirs de tous les uns envers les autres? Car, si la vérité philosophique et religieuse dit aux hommes : *aimez-vous les uns les autres*, la vérité politique leur crie : *aidez-vous les uns les autres !*

Ce ne sont pas les pauvres qui ont le plus grand nombre de devoirs envers la société, ce sont surtout les riches... et il est inadmissible que la fortune puisse servir à esquiver l'accomplissement des devoirs, ou, pour tout dire, du devoir social. L'apologue des membres et de l'estomac est toujours vrai, mais on l'oublie trop : si les membres ne font par leur office et ne donnent pas de nourriture à l'estomac, tout le corps dépérit. Mais, si l'estomac ne répartit pas intégralement et indistinctement les forces et la vie dans toutes les parties du corps, il en résulte des troubles et des maladies graves. Or, partout où les riches thésaurisent et drainent l'argent du peuple pour le retirer de la circulation, ils contreviennent à tous leurs devoirs, ils enlèvent des forces, de la vie, du travail à la société : ils créent de la misère publique.

Les peuples ont *droit au travail* et le devoir des puissants et des riches est de leur en donner. Dans une société bien organisée, tout homme valide, jeune ou mûr, doit trouver un emploi de son activité, de ses facultés ou de ses forces... et il doit en trouver un emploi rémunérateur qui lui permette de vivre avec dignité, selon ses mérites, selon son rang social, et de faire vivre sa famille, d'élever ses enfants.

Une société, où des oisifs mettent leurs rentes de côté et où des pauvres meurent de faim, est une société condamnée à mort et dans le plus bref délai !

Le travail est la grande loi moderne, c'est le fondement même des États modernes.

Le travail est un besoin de la nature : tout dans l'univers, sur la terre, dans les océans et dans les airs, n'est qu'un travail continuel, occulte ou apparent. Le monde est sans cesse en gestation d'un avenir inconnu : cette gestation est un travail ; le mouvement, qui est la raison d'être de la vie, est aussi un travail. Il faut donc répéter avec l'empereur romain : *laboremus*. Mais ce n'est pas assez de proclamer la loi du travail ou même d'en louer les bienfaits. Il faut mettre le travail à la portée de tous et procurer à chacun du travail selon ses capacités et selon ses forces.

Je reviendrai sur cette idée, mais retenez bien dès maintenant ceci : les peuples doivent inscrire, en tête de leurs institutions politiques, le *droit au travail* et le *droit à l'assistance*. Et le droit au travail doit être appliqué à tous, revendiqué par tous, par les riches comme par les pauvres, car il est aussi un devoir ; mais le droit à l'assistance, s'il n'est l'apanage que des pauvres et des vieillards, il appartiendra aux riches de ne jamais le laisser réclamer, car c'est le plus inéluctable et le premier de leurs devoirs que de venir en aide aux êtres humains qui sont leurs concitoyens, à ceux dont le travail et la force ont été les éléments mêmes de leurs richesses et de leurs succès.

CHAPITRE XXI

L'UNION UNIVERSELLE DES PEUPLES

Deux hypothèses. — L'Histoire recommencera-t-elle ? — Triomphe de la vérité politique. — Race jaune et race blanche. — La Civilisation. — Que la France marche en tête du Progrès et soit le phare de l'avenir. — L'union est la première loi du Progrès. — L'impossible n'est pas humain. — La force morale ne peut supprimer la force physique. — Il faudra toujours des gendarmes, des armées et des flottes... et de bonnes finances !

Napoléon avait scandé avec force ces derniers mots : il se tut, se leva de son fauteuil et reprit sa marche agitée, saccadée à travers la pièce. Il passa la main sur son front, puis la plongea dans son gilet.

— Il serait banal de dire que l'humanité marche vers des destinées inconnues ; je ne veux pas non plus faire des prophéties, car les âmes, même dégagées de toute enveloppe corporelle, n'ont pas le don de savoir l'avenir : Dieu seul le connaît... et Dieu seul en ordonne. Mais, du train dont marche le monde, il y a deux hypothèses qu'il faut envisager :

Ou l'union de tous les peuples, instruits, éclairés, policés par le développement constant des sciences, par l'affirmation éclatante des vérités religieuse, philosophique et politique qui forment le *criterium* de leurs gouvernements, dans le plein exercice de la liberté, de la solidarité et du devoir social, ce qui constituera un véritable état de bonheur universel et de paix générale ;

Ou bien le retour à l'anarchie sanglante, après des révolutions, des guerres civiles, d'effroyables invasions de l'Europe divisée et affaiblie par les races jaunes, l'asservissement des peuples européens par de nouveaux Attilas, un recommencement fatal et lugubre de l'histoire, une réédition de la destruction de l'empire romain, un nouvel enfantement dans la nuit de l'ignorance et de la misère d'une autre féodalité, une résurrection de certaines races plus fortement trempées que les autres, de nouvelles nations qui se tailleront des empires ou des républiques dans les débris du monde, qui se dresseront dans la puissance, la gloire, le rayonnement de l'esprit humain pour retomber ensuite dans les ténèbres et les horreurs des époques de sang et de douleurs.

Choisissez entre ces deux solutions : la dernière pourra vous séduire, car elle juge de l'avenir par le passé, car elle est la menace terrible qui se dresse en face des sociétés corrompues, des civilisations efféminées et surtout des injustices sociales.

Mais vous vous tromperiez : la roue des révolutions des races humaines, des peuples s'élevant dans la toute puissance, puis sombrant dans la boue de la décadence et de la ruine, cette roue, qui a tourné inexorablement jusqu'à nos jours et qui a semblé la vie même des sociétés humaines, cessera de tourner... dès que les hommes auront créé sur cette terre une fédération universelle de leurs États pour faire régner dans toutes les deux hémisphères la vérité politique, c'est-à-dire l'ordre et la liberté, le respect des droits de chacun et la conscience des devoirs de tous.

J'ai foi dans l'avenir de l'humanité, dans le progrès absolu de l'esprit humain, dont les lumières sont telles maintenant qu'elles ne peuvent plus s'éclipser ou s'éteindre.

La civilisation ne réside plus seulement dans un coin du monde, dans le bassin de la Méditerranée, elle s'étend sur l'univers entier, elle a pour foyers l'Europe et l'Amérique, elle fleurit en Australie, elle conquiert peu à peu les races asiatiques elles-mêmes. Les Barbares, qui de nos jours pourraient venir écraser la vieille Europe, seraient eux-mêmes les dépositaires des lumières scientifiques de l'humanité : leur barbarie n'en serait plus une, ils seraient instruits de toutes les découvertes de l'esprit humain et, fiers de ces trésors qu'ils auraient dû à leurs professeurs de race blanche, ils cultiveraient avec une ardeur plus grande encore les sciences qui leur auraient permis de nous vaincre.

Mais il est impossible maintenant d'envisager une telle éventualité : il faudrait que l'Europe et l'Amérique se suicidassent elles-mêmes par des folies anarchiques pour que les jaunes aient une chance de dominer les races blanches par la force.

Civilisation et progrès... Voilà deux mots qui ne sont pas tout-à-fait synonymes, mais qui devraient l'être. Admettons que les civilisations passées aient pu constituer des degrés dans la montée inéluctable et latente des hommes vers la perfection : *ces civilisations* constitueront donc des modes divers et plus ou moins défectueux des développements des sociétés primitives ou déjà raffinées dans toutes leurs manifestations intellectuelles, morales, sociales, politiques de la vie en commun. Mais l'idée de progrès est renfermée toujours dans ce mot général de civilisation : car il traduit un état particulier de notre âme humaine, le besoin instinctif de songer à l'avenir, de le vouloir meilleur que le présent, de remédier aux maux dont la nature nous menace, aux difficultés de l'existence, aux dangers qui peuvent provenir des hommes et des choses, des climats et des éléments.

Toutes les civilisations ont eu du bon et du mauvais ; dès qu'elles se sont cristallisées sous la forme d'une société ou d'une religion qui a prétendu les rendre immuables, elles sont tombées en décadence et ont été condamnées à mort ; quelle preuve plus péremptoire que la civilisation n'est pas l'apanage d'un siècle ou d'un peuple, mais qu'elle est l'action incessante, le mouvement continu, la marche en avant inlassable de l'humanité toute entière ! Elle est, par sa nature même, le perpétuel devenir des races humaines et elle ne doit jamais s'arrêter, car sa poursuite de la perfection du mode de vivre sur cette terre ne cessera jamais.

Ne cherchez donc pas à vous enorgueillir d'une civilisation quelconque ! Ne venez pas nous enseigner comme un dogme un état de civilisation quel qu'il soit ! Le meilleur d'aujourd'hui est imparfait si vous songez à celui que vous aurez demain. Et *la civilisation*, dans son acception la plus large, c'est l'action d'appliquer *le progrès* à la vie sociale, dans toutes ses branches d'activité, pour tous ses besoins intellectuels, matériels, sans en excepter aucun.

Puisque vous prétendez tous, sur la surface de la terre, à la jouissance d'une civilisation, le peuple qui exercera le plus grand prestige, la plus grande influence moralisatrice sur les autres peuples sera donc non seulement le plus policé et le plus civilisé, mais celui qui saura le mieux plier et adopter *la civilisation* à toutes les découvertes, à toutes les révélations du progrès. Je voudrais que la France ne fasse plus à l'avenir de résistance au *progrès*, qu'elle s'efforce d'aller plus vite et plus loin que tous les peuples dans la voie des améliorations, des perfectionnements de tous genres, qu'elle devance le reste de l'humanité dans le progrès et reste ainsi pour le monde le phare de l'avenir. Qu'elle ne craigne pas d'assouplir ses habitudes de vie, *sa* civilisation déjà si réputée, pour la modeler sur les formes que le progrès nous dévoile !

Du progrès, je connais une définition, et elle est juste. La voici : « *L'idéal du progrès, c'est le maximum du bien désirable ici-bas. C'est que la vie atteigne en quantité et en qualité les dernières limites du possible ; la terre portant à sa surface autant d'hommes qu'elle en peut loger ; tous les hommes aussi parfaits et aussi heureux qu'ils peuvent l'être.* »

N'est-ce pas que c'est clair et lumineux ? Un grand esprit a résumé ainsi ce qui est le but de tous les nobles cœurs. Dois-je vous dire que c'est la synthèse même de tous mes desseins, le *criterium* de tous mes projets ? Mais ce but, il n'est pas donné à un homme, quelque grand qu'il puisse être, de l'atteindre ! Il ne peut que l'entrevoir et travailler à le faire entrevoir par ses contemporains. D'efforts en efforts, de siècles en siècles, travaillons, êtres humains, créatures qui pensent et qui rêvent, travaillons, comme disait Marc-Aurèle, car c'est par notre travail incessant que le progrès se révèle aux peuples et que l'humanité finira par le posséder. Travaillons ! Le travail est sacré... et ne désespérons pas ; d'autres reprendront notre tâche quand notre effort cessera avec notre dernier souffle !

Les lois du progrès sont nombreuses, mais il en est une qui les prime toutes : c'est celle qui nous pousse à l'union. La première famille, la première union d'un homme, d'une femme et de leurs enfants, c'est la première manifestation de *la* civilisation : le dernier cri de la civilisation humaine sera certainement l'union universelle de tous les peuples.

Comment se produira-t-elle? Par la culture universelle, par le progrès de l'esprit humain, par les lumières, des sciences, par le triomphe de la vérité religieuse philosophique et politique.

Union universelle, domination universelle! Ne voyez-vous pas que le résultat est toujours le même. Mais la domination universelle implique la violence et la force matérielle pour imposer aux races inférieures une volonté qui pourrait être despotique et tyrannique. L'union universelle, par contre, n'implique que le triomphe de la raison chez les hommes, l'association librement consentie pour assurer à tous le respect de la liberté individuelle, des droits et des devoirs de chacun envers tous.

L'union universelle, mais ce n'est plus une utopie ! Ce sera une réalité de demain. Ce demain mettra-t-il cent ans à venir ou dix siècles? Je l'ignore, mais il viendra. Et, croyez-moi, il viendra plus vite qu'on ne suppose. De nos jours, les journaux et le télégraphe font circuler les idées d'un bout du monde à l'autre avec la rapidité de la foudre. L'instruction élève le niveau des peuples supérieurs, on parle de tout, on discute de tout. Ce qui semblait hier l'apanage de quelques esprits d'élite devient un lieu commun pour la foule : on ne s'étonne plus de rien, on cherche les solutions de toutes les questions, les savants font des découvertes qui les mèneront de plus en plus vers l'énigme, les peuples admirent les inventions les plus extraordinaires, mais ne crient plus au miracle. J'ai dit jadis : l'impossible n'est pas français ; je vous dis à vous : l'impossible n'est pas humain !

Le règne de la force physique n'est pas fini : il serait insensé de le croire ; il faut être fort, car nous aurons encore de grandes périodes de luttes et de guerres à traverser avant d'arriver à l'âge de la paix universelle. Mais le règne de la force morale commence et cette force devient tous les jours plus grande, plus irrésistible. Viendra-t-il une époque où cette force seule suffira à gouverner les hommes, à les faire vivre heureux dans un véritable âge d'or ? Je n'ose affirmer le contraire ; mais, comme le règne de la pure raison et de la seule force morale serait la perfection du progrès et que la perfection n'est pas de ce monde, je doute fort qu'on puisse jamais envisager cette hypothèse comme une réalité.

La paix éternelle et universelle est une chimère. Elle est contraire aux lois de la nature. Il y aura toujours des bons et des mauvais, des êtres supérieurs par l'intelligence, par l'éducation morale, et des êtres inférieurs qui auront besoin d'être maintenus dans le devoir par quelque chose de plus que la seule force morale, même si cette force morale a quelque empire sur eux.

Admettons que, le progrès aidant, le niveau intellectuel et moral de tous les humains s'élève ; cela est certain, cela viendra tôt ou tard ; mais il y aura alors des êtres meilleurs que les autres et des êtres moins bons. Même, quand l'univers ne formera plus qu'une fédération des peuples et des races, il faudra encore à cette fédération des forces militaires pour faire respecter et obéir les décisions et les lois de l'aéropage des chefs des États ; même, quand les citoyens de toutes les nations seraient unis dans une commune solidarité de tous envers tous, sous un régime idéal de liberté et de justice, il faudra toujours des juges et des gouvernants, des gendarmes et des agents de police pour assurer, ne fût-ce que par leur présence seule, l'ordre, le travail et la sécurité publique !

Les hommes ne deviendront pas des saints, même quand la force morale règnera sur le monde : ils seront meilleurs que de nos jours dans la généralité, mais ils ne seront pas tous bons et les appétits des uns, les vices des autres, les ambitions et les passions d'un grand nombre seront toujours vivaces dans les peuples ; il les faudra toujours surveiller et contenir, afin de ne pas laisser la liberté devenir la licence ni la République l'anarchie.

Vous savez que je hais les idéologues : ce sont eux qui trop souvent ont perdu la France, qui menacent de la perdre encore. Ne croyez donc pas que je tombe dans leurs travers. Faire du monde un phalanstère : c'est un rêve ! S'il devient une Arcadie, ce ne sera pas avant des siècles... Et cette Arcadie, où les sciences et les arts auront une part que nous ne pouvons qu'à peine soupçonner, quelle sera-t-elle? Pouvons-nous la concevoir? Cela me paraît du domaine de la pure spéculation : je livre ce sujet de méditation et de divagation aux poètes et aux contemplatifs.

Pour moi, je ne songe qu'aux réalités, je ne m'attache qu'aux contingences. Pour vouloir sincèrement le progrès, il faut ne voir dans les aspirations vers le bien, vers un idéal social et politique, que ce qui est du domaine des possibilités immédiates, il faut chercher à réaliser d'abord ce qui est réalisable. Les véritables amis de l'humanité et de l'avenir sont donc ceux qui s'efforceront toujours de suivre, non des projets chimériques, *mais une politique pratique et efficace de réalisations.*

Mes projets, je vous les ai divulgués : le sort m'a empêché de les réaliser, mais ils étaient réalisables. Mon unique erreur était de les vouloir réaliser par la force et ma faute fut de me livrer à une précipitation qui compromit cette force elle-même.

Je ne crois donc plus à la force physique et brutale, je ne crois plus du moins à cette force seule : je crois en la force morale qui saura vaincre et dominer le monde. Mais cette force morale, peut-on penser une minute qu'elle n'aura pas besoin de s'appuyer sur une force matérielle immense ?

Il faudra donc chercher cette force, il la faudra trouver sous ces trois aspects indissolublement liés les uns aux autres : force militaire et navale, force financière, force formatrice et inventive. Si vous n'avez pas ces trois forces, que je classe parmi les forces physiques et qui sont les éléments même de la vie des nations comme les éléments sont les forces de la nature, si vous ne pouvez appuyer la force morale, la vérité religieuse, philosophique et politique, de cette triple force invincible, tout l'avenir de l'humanité sera en péril, car l'histoire recommencera des luttes des races jaunes et blanches, des flux et reflux de l'Asie sur l'Europe, et l'erreur et la barbarie auront encore leurs moments de triomphe avant de s'ensevelir pour toujours dans les ténèbres de l'oubli devant les lumières de l'humanité guidée par la Raison.

CHAPITRE XXII

LE RÊVE RÉALISABLE

Il faut refondre une nouvelle Europe. — Les neuf dixièmes des hommes ne sont pas méchants, mais bêtes. — Le devoir des classes dirigeantes. — Les pilotes de l'humanité. — La conscience des droits et des devoirs sociaux. — Le niveau intellectuel des peuples est très inégal. — La France ne peut plus être la seule maîtresse des destinées du monde.

Le rêve réalisable, je le définis ainsi : faire régner la Raison, c'est-à-dire la justice, la liberté et la vérité, sur l'univers.

Je voulais faire jouer ce grand rôle par la France : c'est la justification devant la postérité de tous mes actes. Mais je ne voulais pas le faire jouer par la France toute seule, et la composition même de ma Grande Armée en est la preuve la plus éclatante.

Ma Grande Armée synthétisait l'Europe, moins l'Angleterre, moins la Russie. Il faut refondre aujourd'hui une nouvelle Europe, capable de fournir des forces invincibles, il faut faire la fédération de toute l'Europe, y compris la Russie et l'Angleterre, pour créer une force sans égale, une force qui soit capable, en donnant la main de l'autre côté de l'Atlantique à la fédération de toute l'Amérique, nord, centre et sud, de pouvoir imposer à l'univers sa toute-puissance.

Il faut posséder une grande force physique, afin de donner à la force morale (c'est-à-dire aux idées), tout le prestige, toute l'influence qui lui sont indispensables pour agir sur le cerveau des masses. Un phare ne brille que par la puissance de son foyer lumineux soit électrique soit acétylène : son éclat vient de sa force éclairante.

Je sais bien que les idées ont leur force en elle-même et que leur pouvoir de persuasion n'a rien à voir avec la force brutale. Mais cela c'est juste pour les esprits éclairés, pour les consciences averties ou qui s'éveillent.

Avouez-le avec moi, la généralité de l'espèce humaine est encore bien rudimentaire au point de vue intellectuel. Quels sont les plus intelligents des peuples? Les peuples latins peut-être par atavisme, par ancienneté de culture. Mais quelle différence y a-t-il entre le niveau intellectuel des paysans d'Espagne ou d'Allemagne, d'Italie ou d'Angleterre, de France ou de Russie? Pas une bien grande. Ils ont un fond commun de bons et de mauvais sentiments qui sont presque des instincts, tant ils sont rudes et naïfs.

Je ne crois pas à la *méchanceté* innée, *instinctive*, de l'humanité : je crois plutôt à une certaine bonté naturelle qui est latente dans tout cœur humain; mais l'humanité a besoin d'instruction et d'éducation pour s'élever au-dessus de son état primitif et pour devenir meilleure. Ce qui est clair comme le jour, pour tout observateur qui regarde les peuples et les gens avec attention, c'est que l'humanité est *en général* bête, mais bête dans le sens qu'on attache à ce mot en parlant des animaux. *Imbécile* rendrait moins bien ma pensée, car l'imbécile ne comprend rien, tandis que la bête peut se dresser. Cet état de bêtise chez les neuf dixièmes de l'espèce humaine provient surtout de l'ignorance, du besoin d'imitation, du manque de jugement et de réflexion. Il y a donc, sur la terre ronde, dix pour cent au plus des hommes et des femmes qui sont capables d'être des guides pour les autres, des instructeurs et des éducateurs. C'est ce qu'on appelle les classes dirigeantes. Elles ne valent ni plus ni mieux que les autres, mais elles ont un cerveau plus développé.

L'idéal est de ne pas permettre aux quelques méchants esprits, aux quelques êtres pervers et malsains, qui sont la honte de l'humanité et qu'il faut abattre comme des brebis galeuses, de se parer vis-à-vis des masses populaires d'un prestige illusoire... et d'une influence qui serait détestable. Le troupeau humain n'a que trop de tendance à se laisser conduire aveuglément : il faut le préserver du mal et l'amener au bien.

Entourez donc de respect et de gloire les hommes, de cœur et de science qui peuvent être les pilotes de l'humanité ; à ceux-là, prodiguez les situations élevées et les honneurs de tous genres pour que les peuples les admirent et les prennent comme des modèles. Créez partout des pépinières de bons esprits chargés d'instruire les jeunes générations et de relever leur niveau intellectuel. Ayez des hommes d'État intègres et impartiaux, des savants qui soient des lumières et des prêtres qui soient des saints, des soldats dignes d'être des héros, et proclamez que, seuls sur la terre, la science et le mérite ont de la valeur, que la fortune, la naissance, les privilèges de caste n'existent plus et que tout homme en naissant est l'égal d'un autre.

Il n'en sera que plus fort et plus aisé de gouverner des masses d'hommes et de femmes qui seront conscientes de leurs droits et de leurs devoirs et qui ne chercheront à s'élever dans la hiérarchie sociale que par leurs efforts intellectuels, leur travail, leurs actes, emportant toutes leurs forces physiques et morales vers ce but commun : améliorer leur propre sort en améliorant celui des autres hommes, celui du reste de l'humanité.

Nous sommes loin de cet idéal. Regardez autour de vous. Admettons que la France et l'Allemagne donnent le spectacle des deux peuples les plus instruits, les plus lettrés, les plus sages du monde : vous reconnaîtrez bien vite qu'il leur reste encore d'immenses progrès à faire pour que tous les êtres humains qui vivent dans leurs frontières soient dignes d'être considérés comme des cerveaux développés et — laissez-moi le définir ainsi — *conscients de leurs responsabilités*.

En France, en Allemagne, dans ces foyers de lumière scientifique et sociale de l'Europe, les neuf dixièmes des êtres humains pensent, jugent et parlent au gré des meneurs qui leur racontent ce qu'ils veulent. Le niveau intellectuel a besoin d'être très fortement élevé ; il ne le sera que peu à peu, par les efforts de la presse pour les adultes d'une part, et de l'autre par les éducateurs de tous genres que les gouvernements donneront aux enfants.

Mais, si le niveau intellectuel est encore bas dans ces deux pays, que dirons-nous des autres ? Les peuples scandinaves sont lettrés ; les États-Unis et l'Angleterre viennent après ; je ne parle ni de la Belgique ni de la Suisse ni de la Hollande qui sont les plus polis des pays, mais qui se confondent dans le groupe franco-allemand. L'Italie et l'Espagne, l'Autriche, sont des pays de culture relative où beaucoup reste à faire. Mais que penser de la Hongrie, des pays balkaniques, de la Pologne, de la Russie ? Le peuple de ces pays est bien arriéré au point de vue de l'instruction : on pourrait presque dire qu'il est encore quasi-barbare ; mettons qu'il est ignare et tout sera expliqué. Le reste du monde, sous le rapport intellectuel, n'existe que dans les classes dirigeantes de chaque pays ; les peuples sont ou rudes et frustes, ou abrutis par la décadence et engourdis par le manque d'instruction...

Le grand rôle d'éducatrice et de conductrice de l'univers, la France peut-elle encore le jouer? Peut-elle prétendre à la gloire d'accomplir cette noble mission, si belle que c'est presque une mission divine? Je vous dis la vérité, et c'est tout le contraire des flatteries et des euphémismes. La France est un phare ; la pensée y est libre, Paris est une scène où l'univers entier a les yeux fixés, la voix de ses orateurs et les écrits de ses auteurs retentissent dans le monde : la France peut donner des avis, fournir des exemples. Je voudrais aussi qu'elle pût servir de modèle : je n'ose l'espérer. Et, pourtant, si un pays devait posséder la force morale, ce pays privilégié semblait bien devoir être la France !

Mais ne vous leurrez pas de faux espoirs : la France de 1910 n'est plus la France de 1808... et elle ne peut plus jouer le premier rôle dans le monde, *elle ne peut plus surtout l'y jouer seule*. Et pourquoi ? Parce que les autres peuples ont grandi autour d'elle, que les nations ont poussé comme des arbres à forte sève et que, au milieu du développement général et formidable des autres, la France n'a fait que végéter et s'efféminer. Elle a fait de grands frais pour la parure de ses villes, pour les agréments de la vie ; elle a cultivé les arts et les lettres, elle a été le foyer des sciences et elle a cherché de bonne foi à être le modèle de la civilisation européenne. Elle a réussi à être la plus policée et la plus souriante des nations ; mais elle a perdu en force vitale, en expansion et en énergie tout ce qu'elle a gagné en bien-être, en richesses et en joyaux. Pour continuer ma comparaison, ce ne sont plus de fortes branches qu'elle a lancées dans les airs pour se grandir et s'accroître ; sa végétation s'est bornée à une luxurieuse floraison !

Elle a pour elle un passé glorieux, une histoire incomparable, une incontestable noblesse de traditions et de souvenirs ; son influence morale, politique, sociale a été immense pendant dix siècles sur l'Europe ; elle est encore considérable de nos jours. Son prestige reste toujours grand ; la France donne le ton pour bien des choses, son approbation est une consécration que recherchent tous les artistes et tous les hommes d'élite du monde... Paris est la capitale du monde civilisé..

Je vous accorde tout cela, mais que de revers à cette face brillante de la médaille ! Je ne veux pas faire le procès de la France actuelle ; j'aime trop la France pour chercher à lui dévoiler toutes ses fautes, pour lui montrer ses erreurs et ses turpitudes... Mais il ne faut pas la tromper ; elle s'endort dans des illusions, si elle se croit sans rivale ou invincible !

Elle n'est même plus la seule maîtressse de ses destinées et elle prétendrait être maîtresse des destinées du monde ! Quel comble de folie !

CHAPITRE XXIII

LA SOLIDARITÉ DES PEUPLES

Nul ne peut vivre isolé. — Politique des Alliances. — Fédération des peuples. — L'Europe a tort d'aller a la dérive. — La France clé de voute de l'Europe. — L'Allemagne et la France doivent s'unir. — L'Angleterre et la Russie représentent l'esprit de lucre et de conquête. — Refaites l'Empire de Charlemagne par l'union intime des races germanique et latine. — Je ne conseille ni lacheté ni humiliation. — Je parle a la France le langage de son meilleur ami, celui de la vérité et de la Raison.

Qui donc pourrait prétendre vivre seul de nos jours ? Malheur aux isolés ! C'est la terrible devise inscrite au fronton de l'avenir. Pour les individus, comme pour les peuples, cette loi est inexorable : *vivre associés, ou renoncer à vivre !*

Quel est le peuple, autour de vous, qui ne recherche des alliances ou qui ait la témérité de rester isolé ? Il n'y en a plus un seul qui ne sente le besoin d'appuis et de concours de tous genres pour affronter les dangers inconnus d'un lendemain qui est caché à tous les yeux.

Voyez l'Europe : tout gravite et se meut autour de deux grands groupements : la triple alliance, qui va cahin-caha, l'alliance franco-russe, doublée de l'entente franco-anglaise et franco-espagnole... et la paix du monde ne se maintient que par le jeu des alliances.

En Asie, le Japon est allié de l'Angleterre et se rapproche de la Russie pour faire contrepoids à la politique des États-Unis, qui seraient disposés à être les protecteurs de la Chine.

Les États-Unis semblent dédaigner les alliances, mais c'est une erreur : en cas de guerre ils auraient de suite des alliés en Europe... Ils n'ont qu'à choisir entre les deux groupements qui se divisent le vieux monde. Ce grand peuple, né d'hier, fils des races européennes les plus vieilles, est devenu le plus fort champion de la science, de la civilisation, du progrès en un mot : il représente les idées de liberté et de justice, il sympathise avec la France dont il n'a jamais été l'ennemi ; il sera, face à l'Asie, face aux jaunes, le porte-drapeau des idées modernes et le propagateur le plus zélé de l'association universelle des peuples.

Cette association ou fédération des peuples n'est plus un rêve : elle est la seule forme du gouvernement international de l'avenir. Tout y prépare l'humanité : réfléchissez un peu. D'abord c'est la solidarité des hommes qui nous amène à affirmer de plus en plus la solidarité étroite des peuples. La vapeur, l'électricité ont accompli une révolution dont nous ne commençons qu'à entrevoir les conséquences : chemins de fer et paquebots relient les peuples entre eux, les amènent les uns chez les autres, diminuent les distances ; télégraphes et journaux tiennent au courant le monde entier des faits et gestes des uns et des autres. Il ne se passe pas d'années sans que des *Expositions universelles* attirent les peuples en visites de pays en pays ; des

Congrès réunissent les savants, les artistes, les penseurs ; quel est le commerçant qui ne réclame pas le *libre-échange?* Les économistes et les financiers, qui étudient les lois de douanes qui gênent encore la circulation des produits et des marchandises, considèrent que la création d'une union douanière avec libre transit serait un grand progrès pour l'Europe. On y viendra : on s'entendra pour aplanir les entraves du commerce et favoriser l'essor des industries. On a signé déjà des conventions postales internationales, on a supprimé les lettres de marque, et la réunion à La Haye d'un tribunal d'arbitrages internationaux est un acheminement vers un Congrès des chefs d'État et des souverains. Actuellement il n'est pas un peuple qui puisse se désintéresser de ce qui se passe chez le voisin ; il y a des raisons de sentiments et des raisons d'intérêts qui lient les nations. Les unes sont les meilleures clientes des autres pour les marchandises, les autres pour le placement des capitaux, les autres échangent des produits manufacturés contre des aliments nécessaires. Il n'est pas de peuple qui n'ait besoin d'un autre pour la satisfaction des exigences de la vie.

Les capitalistes, qui sont plus nombreux encore en France qu'en Angleterre et en Allemagne, prêtent leur argent à tous les pays : il n'est pas de grandes entreprises dans le monde, de grands travaux utiles à l'humanité qui ne voient affluer les capitaux européens. Les grandes banques font souscrire des emprunts pour tous les pays. Mais on souscrit aussi universellement pour toutes les grandes catastrophes ; les gouvernements envoient des secours à tous les pays qui sont éprouvés par des sinistres de la nature...

Est-ce que tout cela n'est pas la preuve d'un instinct de plus en plus développé de la solidarité des peuples?

Est-ce que les guerres modernes ne sont pas de plus en plus entourées de prescriptions humanitaires? Les médecins des deux armées belligérantes soignent indifféremment les blessés des deux nations : il n'est plus de peuple civilisé qui se croit permis de massacrer les blessés ou les prisonniers, comme les Russes le faisaient à mon époque. Les Japonais ont donné l'exemple de leur correction en temps de guerre. C'est un signe des temps !

Mais l'Europe ne doit pas se laisser aller à la dérive comme elle le fait depuis tant d'années : à ne considérer que l'antagonisme des puissances européennes, leurs rivalités et leurs appétits, l'Europe a trop négligé la politique mondiale. Pour le bonheur et l'avenir de l'humanité, il faut que l'Europe s'unisse dans une fédération solide et que toute une nouvelle politique la fasse rayonner sur le reste du monde. Qu'elle n'oublie pas qu'il y a, en Asie, des centaines de millions de jaunes qu'un nouvel Attila pourrait un jour armer d'armes perfectionnées pour se ruer sur l'Europe comme une nouvelle armée d'exterminateurs ! Il faut que l'Europe prenne ses précautions et ses mesures pour éviter les recommencements de l'histoire. Et le plus sûr moyen, c'est de civiliser et de pénétrer la Chine et les Indes d'une manière absolue...

Mais revenons à la France, que je considère comme le clé de voûte de l'Europe... Elle ne peut malheureusement plus jouer le premier rôle toute seule : il lui faut une associée.

Elle doit être l'éducatrice et le banquier du monde ; elle doit régner par les idées et le progrès ; mais il lui faut s'unir à un peuple qui soit capable de la comprendre, de lui assurer le complément de forces dont elle a besoin. Trait d'union entre la race latine et la race germanique, qui se sont fondues en elle, la France doit grouper toutes les nations de l'Europe autour d'elle en s'alliant avec l'Allemagne. *L'union de la France et de l'Allemagne s'impose* : il ne faut pas diviser plus longtemps l'Europe, il faut en former au contraire un bloc indestructible.

Tant que la France et l'Allemagne seront ennemies, tant qu'elles ne songeront qu'à des luttes futures, l'Europe ne sera qu'un vain mot, le continent européen sera dominé par l'Angleterre ou la Russie, par deux nations égoïstes et perfides, qui personnifient l'une l'esprit de lucre, l'autre l'esprit de conquête, mais qui ne peuvent pas prétendre à guider le monde vers la civilisation et vers le progrès.

**

Faut-il expliquer pourquoi? L'histoire de l'Angleterre et celle de la Russie sont leurs propres condamnations : elles ne peuvent avoir des sentiments sincères d'amitié pour la France qu'elles n'ont fait que trahir et exploiter.

La grande habileté de la Russie et de l'Angleterre a été de créer un antagonisme entre la France et l'Allemagne, de pousser sans cesse la Prusse contre la France, de faire de la Prusse, pays de race slave, la personnification de l'Empire germanique. Tout a été exploité contre la France pour arriver à ce but ; tout a été bon aux agents secrets de la Russie et de l'Angleterre. Le Congrès de Vienne en 1815 a mis les provinces rhénanes dans la main de la Prusse pour attiser un brandon de discorde entre la France et l'Allemagne.

On a diminué l'Autriche, forcé la Bavière, la Saxe, tous les états allemands à s'effacer devant la Prusse...

mais l'esprit germanique s'est vengé, il a conquis la Prusse et fait l'unité allemande. Aujourd'hui, il y a une Allemagne, plus grande, plus forte, plus vivante que jamais, qui se fait gloire d'être unie et qui affirme des sentiments nobles et généreux.

Exciter la haine de la France contre l'Allemagne et de l'Allemagne contre la France, en parlant encore d'Iéna et de Sedan, c'est un acte criminel, un crime de lèse-humanité ! Le plus grand poète français — et les poètes sont souvent des prophètes — l'a dit avec éloquence : « L'Allemagne est la collaboratrice naturelle de la France. Si je n'étais Français, je voudrais être Allemand... L'Allemagne et la France sont essentiellement la civilisation... L'Allemagne sent, la France pense... Leur mode de formation a été le même. Ils ne sont pas des insulaires, ils ne sont pas des conquérants ; ils sont les vrais fils du sol européen... L'union de l'Allemagne et de la France, ce serait le frein de l'Angleterre et de la Russie, le salut de l'Europe, la paix du monde. »

Ce génie, le plus grand peut-être de tous, a dit vrai : il faut que cela soit. Le Rhin ne doit pas diviser la France et l'Allemagne, il doit les unir. Mon rêve de refaire l'empire de Charlemagne, les deux grands peuples doivent le réaliser par leur union étroite, leur alliance intime. Et cela sera.

Il vous paraît étrange de m'entendre moi, l'empereur Napoléon, vous tenir un pareil langage : me croyez-vous capable de vous proposer une humiliation, une abdication quelconque devant l'Allemagne victorieuse ? Ce serait mal me connaître que de me croire le conseiller de la platitude ou de la lâcheté ! Moi, qui n'ai jamais désespéré de la France, qui aurais voulu la rendre invincible et si grande que jamais puissance au monde n'eût pu l'égaler! Moi, qui sais mieux que personne quels trésors de courage et d'énergie contient cette race française si fertile en héros, quelle indomptable élan fait bondir au combat comme des lions tous les soldats de nos armées, pourquoi douterais-je de la France actuelle? Je ne sais si vous avez encore les traditions du passé, mais vous avez des troupes qui vaudraient certainement celles de jadis, ces soldats qui ont fait le tour de l'Europe avec moi ; vous avez encore des chefs... et il ne manque que les occasions pour que vos généraux se révèlent. La France n'a aucune raison pour rien abandonner de sa fierté légitime et pour taire aucune de ses revendications ; mais elle ne doit pas confondre la dignité avec l'arrogance, ni la sagesse avec la passion. Je lui parle ici le langage de la raison, le langage de son meilleur ami... et je ne veux ni la tromper ni qu'on la trompe !

∗

Une guerre entre la France et l'Allemagne ne peut plus avoir lieu... Ce serait une guerre fratricide. Je vais vous expliquer aussi que ce serait une guerre inutile... et dans l'état actuel des esprits, qui donc risquerait les dangers d'une guerre aussi formidable, sans aucun profit éventuel?

Croyez-vous l'Allemagne capable de prendre, de dévorer, de digérer surtout la France, au point de la rayer du nombre des nations, de faire disparaître jusqu'au dernier des Français? Non, ce serait la plus inconcevable des folies exterminatrices ; et cela ne serait ni possible ni permis. Mais cela ne vous serait pas davantage possible ni permis à vous-mêmes... et d'ailleurs nul ne songe, ni en France, ni en Allemagne, à une semblable guerre implacable et sans merci.

Eh ! bien, réfléchissez : si dans une guerre avec l'Allemagne, vous n'en finissez pas à tout jamais avec l'Allemagne, ou si l'Allemagne n'inscrit pas le *finis Galliæ* sur les ruines de vos plus petits villages comme de vos plus grandes cités, vous aurez fait tous les deux une guerre inutile, car vingt, trente ans ou cinquante ans après, tout sera à recommencer.

Une guerre entre la France et l'Allemagne pour reprendre des provinces, pour refaire une frontière, mais c'est aussi idiot que fou ! Vous êtes deux géants armés de pied en cap, avec des instruments de destruction formidables ; vous vous livreriez des combats terribles, qui vous épuiseraient peut-être sans vous donner des victoires définitives... et, dans tous les cas, c'est vous, les deux champions de la Civilisation, les deux défenseurs les plus solides des idées modernes, qui vous affaibliriez sottement dans une guerre fratricide, sans songer que vous livreriez ainsi l'Europe à l'Angleterre ou à la Russie, que vous feriez le jeu de vos rivaux, que dis-je? de vos pires ennemis !

Entre la France et l'Allemagne, il ne faut pas songer à la guerre, il faut songer à l'alliance, il faut songer à effacer les malentendus, à panser les blessures d'amour-propre, à faire des lois de liberté sociale, à organiser une institution de justice internationale. La fédération de l'Europe se fera autour de ces deux pays, dès qu'ils seront d'accord pour le vouloir.

La France et l'Allemagne ne peuvent pas être condamnées à se regarder éternellement comme des chiens de faïence ou à s'entretuer, pour complaire aux intérêts anglais ou russes.

L'Angleterre est en pleine décadence : rongée à

l'intérieur par les socialistes, par les dissensions profondes des partis politiques, elle voit que tout craque chez elle dans une atmosphère qui sent le soufre des révolutions prochaines. Menacée de perdre les Indes où gronde le sentiment national qui se réveille, consciente de sa faiblesse, elle cherche des alliances et veut recommencer contre l'Allemagne l'infernale intrigue qu'elle a menée jadis contre moi. L'Angleterre ne conserve plus qu'à demi le monopole des mers, elle le perdra bientôt complètement : ses flottes ne lutteraient pas contre celles de l'Allemagne et de la France unies. Voilà pourquoi elle sacrifiera son argent pour vous pousser à la guerre avec l'Allemagne, pourquoi elle cherche à troubler l'Europe. Français et Allemands, ouvrez les yeux, ne vous laissez pas étourdir par les reptiles à la solde de l'Angleterre : il n'y a pas d'autre raison majeure pour perpétuer l'antagonisme et souffler la haine entre vos deux nations que l'égoïsme et la duplicité de l'Angleterre.

En Europe, l'Allemagne est la nation qui grandit et qui se développe le plus : les slaves doivent s'unir et les latins aussi, mais le bloc européen, c'est l'union de la France et de l'Allemagne qui le constituera.

L'Autriche est un amalgame de peuples et de races qui ne pourront continuer à vivre ensemble que sous un lien fédératif avec égalité de droit pour chacun ; et la France et l'Allemagne unies constitueront le pivot de toute la fédération européenne. L'Italie, l'Espagne, les petits états d'Europe se joindront à ce groupement, auquel l'intérêt de l'Angleterre la forcera à se joindre pour ne pas s'isoler de l'Europe.

Quant à la Russie, c'est une immense expression

géographique, où 39 millions de Russes dominent par droit de conquête 120 millions d'autres individus qui sont traités en sujets ou en esclaves. Restera-t-elle un seul empire? Se divisera-t-elle en plusieurs états? L'avenir seul le sait. Mais elle n'échappera ni à *la loi du réveil des nationalités* ni à celle de *la transformation sociale et politique des peuples*.

La Russie, à l'Est du bloc européen, ne sera pas un danger, mais une garantie de sécurité : elle est plus asiatique qu'européenne, elle sera la sentinelle avancée de l'Europe en Asie, elle sera le tampon entre le colosse européen et le colosse jaune. Quelles que soient les forces de la Russie, elle aura bien assez à faire dans peu d'années avec la Chine pour songer à l'Europe ; toute sa politique sera basée, demain comme aujourd'hui, sur l'amitié avec l'Allemagne par nécessité et sur l'alliance avec la France par intérêt. Ne vous illusionnez pas sur votre alliance actuelle avec la Russie : c'est un mot seulement. La Russie vous prend votre argent et se sert de vos influences ; mais entre l'Allemagne et vous elle choisirait toujours l'Allemagne, car elle a besoin d'elle plutôt que de vous, qui êtes éloignés et dont son gouvernement despotique déteste les institutions républicaines.

Autour de l'union franco-germanique, la Russie et l'Angleterre graviteront et marcheront en bonne harmonie, car cette union toute puissante ne suscitera aucun soupçon et ne constituera aucune menace. L'Europe, confédérée, dirigée par un aréopage de chefs d'États, n'aura plus qu'une seule voix, qu'une seule volonté, que des intérêts identiques ; elle sera le pouvoir modérateur et le juge impartial du monde entier.

Le colosse américain lui donnera la main pour

l'aider dans son œuvre civilisatrice... et le colosse jaune, de gré ou de force, par un zèle bien compris d'humanité ou par la coercition et la domination des blancs, se verra forcé de se mettre à l'unisson du reste du monde et d'adopter les lois libérales et les idées généreuses des temps modernes.

Ainsi se réalisera ce grand rêve de la paix universelle, de l'union universelle des peuples... dont tous les efforts, tous les capitaux, toutes les intelligences groupées et réunies convergeront vers un même but : améliorer le sort de tous, rendre la vie plus facile et plus agréable, embellir par les arts et adoucir par les sciences ce passage de l'homme sur la terre, cette sorte de rêve vécu et animé que font toutes les créatures sur cette boule ronde qui roule dans l'espace, entre l'instant de la Naissance et l'instant de la Mort, d'un Inconnu à un autre Inconnu !

CHAPITRE XXIV

LES DERNIERS CONSEILS DE L'EMPEREUR

Un halo lumineux. — Il faut travailler a améliorer le sort des humains. — Ubi bene ubi patria. — Pas de généralisations. — Renversez le Veau d'Or. — Ni riches, ni pauvres, aisance pour tous. — La Vérité économique. — Faites circuler le numéraire. — Divisez la fortune et morcelez la propriété. — Les milliardaires sont les pires ennemis de la démocratie. — Le mariage libre. — Immoralité de la Dette perpétuelle. — Concours et examens pour les fonctions publiques. — Derniers mots de Napoléon. — La fusion universelle des races. — Songe aujourd'hui, demain Réalité.

Napoléon s'était levé en prononçant ces derniers mots ; il semblait transfiguré. Une lueur blanche entourait toute sa personne et il se détachait plus fortement de tout ce qui l'entourait. Des fenêtres, aux petits carrés de verre sertis de plomb, la clarté rouge de l'incendie pâlissait et devenait terne ; le halo qui enveloppait l'empereur semblait venir du plafond. Je m'étais reculé dans un angle de la pièce, n'osant ni bouger ni parler, regardant de tous mes yeux ce spectacle sans précédent, écoutant de toutes mes oreilles les paroles qui sortaient de la bouche de ce fantôme.

— Je vous dirai encore quelques mots, mais je serai bref, car les minutes nous sont maintenant comptées. Bientôt le jour se lèvera et je vous quitterai... pour toujours. Je voudrais pourtant donner encore quelques conseils à l'humanité, à la France surtout... pour qu'elle sache détenir le sceptre de la force morale, de cette force morale qui gouvernera le monde civilisé et rayonnera sur l'avenir comme un phare de consolation et de bonheur.

Vous êtes meilleurs et plus heureux que vos devanciers, même sans vous en douter, car les conditions de la vie ont été modifiées au cours des siècles par les progrès et par les inventions humaines ; faites maintenant que votre postérité soit meilleure et plus heureuse que vous.

Ce n'est pas un conseil banal que je vous donne ; c'est un de ces conseils qui semblent des lieux communs, mais, en réalité, j'y attache une importance capitale et je ne saurais trop attirer votre attention sur ce point. *Il faut travailler à améliorer le sort des hommes !* Vous m'entendez : il le faut ! C'est le premier des devoirs des gouvernants, car c'est la pensée dominante de l'humanité, car c'est le but idéal vers lequel tendent consciemment ou inconsciemment toutes les créatures humaines. Il n'est pas de civilisation digne de ce nom par des progrès, par des découvertes de la science, qui n'ait, en définitive, contribué à améliorer le sort matériel ou moral des humains !

Jouir de la vie, voilà l'aspiration qui est au fond du cœur de tous les êtres animés, de tous les humains surtout, du plus malheureux comme du plus riche ! Que leurs conceptions du bonheur matériel soient différentes selon leurs conditions sociales, c'est très certain ; mais, si le chemineau qui bat les grandes routes, pieds nus et en haillons, a moins de besoins ou d'exigences que le bourgeois riche des grandes villes, il n'a pas moins de droit que ce bourgeois à rechercher la satisfaction de son instinct de vivre... et une société, bien organisée et consciente de ses devoirs, devra veiller sur tous avec une égale sollicitude et rendre la vie facile à tous.

Il faut qu'il n'y ait plus de malheureux ! C'est une injustice sociale qu'il faut réparer et effacer à tout jamais ! Qu'il y ait des différences sociales, des intelligents et des imbéciles, des savants et des ignorants, des ouvriers et des patrons, cela, oui, c'est possible ! C'est même encore une nécessité ; mais il ne doit plus y avoir de si grandes différences que maintenant entre ceux qui possèdent tout et ceux qui n'ont rien : il faut diviser les richesses de la terre de telle sorte que tous les humains en puissent posséder une part raisonnable. *Il ne faut plus que les uns aient trop et les autres pas assez ! Il faut que chaque être vivant, chaque créature humaine ait assez !* que les hommes puissent jouir de la vie, chacun dans leur sphère, chacun dans leur milieu social, avec la satisfaction complète de leurs besoins matériels comme de leurs besoins moraux ! La liberté, l'égalité, la fraternité ! oui, donnez-leur cela et plus encore : au banquet de la vie, invitez tous les humains à prendre leur part des richesses de la nature, leur part de nourriture et de bien-être, leur part de joie et de soleil, comme vous les invitez à prendre leur part du travail et des responsabilités sociales.

N'oubliez pas ceci : *ubi bene, ubi patria !* L'adage est vieux, il est aussi vieux que la société humaine. Il est toujours vrai, il le sera plus encore dans l'avenir. La patrie de demain sera pour les hommes la terre d'élection, le pays où ils voudront vivre, non seulement parce qu'ils y seront nés ou qu'ils y seront venus de leur plein gré, mais encore parce qu'ils y trouveront le plus de liberté, le plus de bien-être, le plus de jouissances physiques et morales : ils seront citoyens du coin de terre où ils se trouveront heureux. Ils seront fiers d'appartenir à une patrie qui leur assurera la sécurité, l'ordre, la vie facile et douce, la satisfaction des besoins de leur corps et des aspirations intellectuelles et morales de leur âme.

Rome était devenue la patrie de tous les hommes de talent et de tous les hommes civilisés de l'époque romaine ; elle les attirait par sa gloire, par sa force, par la puissance de sa civilisation et de son organisation sociale. Être citoyen romain était un titre d'honneur, le devenir paraissait une récompense magnifique. L'ambition de toutes les grandes villes du monde connu était d'obtenir le titre de municipe romain ; l'ambition des habitants de pouvoir se proclamer des citoyens de Rome. *Romanus sum civis*, c'était là des mots superbes, dont l'influence magique faisait l'admiration et l'effroi du monde entier.

Or, en comparaison de celui de la Rome antique, combien plus grand sera le prestige du peuple ou de la société qui pourra joindre, dans l'avenir, l'éclat de la force morale à la puissance de la force physique?

Les hommes, chaque jour plus instruits et plus intelligents, sauront faire leur choix entre les peuples et les institutions, entre les lieux où brillera la civilisation et ceux où agonisera la barbarie. Cet attrait du séjour agréable et des mœurs polies et élégantes sera l'apanage de la force morale ; car la douceur et la facilité de l'existence, les mille charmes des arts et des progrès scientifiques, la circulation intense et générale des richesses mises à la portée de tous, mais ce seront autant de conséquences de la bonne organisation sociale, autant d'exemples éblouissants de la sagesse des lois et des institutions de la République. Et, pour tout l'Univers, le peuple qui donnera ce spectacle deviendra un modèle admiré et envié, un objet d'imitation... Les hommes se tourneront, de tous les coins du monde, vers ce phare et se laisseront guider par lui. Tous les peuples, peu à peu, suivront l'exemple, car les pays où le despotisme et l'ignorance continueraient à régner se verraient abandonnés par leurs habitants. Les migrations, tous les jours plus aisées, grâce aux transports de tous genres, feront affluer les hommes vers les pays favorisés du sort et dotés de la force morale : et ces mouvements des peuples amèneront infailliblement le triomphe de la force morale dans l'univers entier.

Vous voyez donc que les lois doivent s'efforcer de donner aux hommes le maximum de jouissances et de liberté ; ne me demandez pas de vous donner la formule de ces lois ni de vous les dicter, *car il faudrait pour cela faire des généralisations et, lorsqu'il s'agit de lois sociales, de lois qui doivent régler les rapports des hommes entre eux, il ne peut pas être question de règle générale, mais bien de particuliers selon les pays, selon les climats, selon les mœu.*

N'entrons pas dans les détails ; ils peuvent varier à l'infini. Ne considérons que les principes ; eux seuls, sont immuables et éternels. Je vous ai déjà dit qu'il faut baser la société sur les trois grandes vérités religieuse, philosophique et politique. Cela fait, il faut inscrire en tête de la table des lois ces mots : *solidarité et trava*. Toute l'organisation sociale doit être basée sur ces principes : *du travail pour tous et de l'aide entre tous.*

Les lois doivent être claires et simples ; elles doivent avoir pour appuis les mœurs.

Il faut réformer les mœurs actuelles. Une des plaies de notre époque, un danger terrible, c'est la *ploutocratie :* vous avez donné à l'argent une importance trop grande, vous avez fait de l'argent le *Veau d'Or* adoré par les foules, vous avez permis à des financiers habiles (j'entends plus habiles qu'honnêtes) de drainer l'argent et l'épargne des masses dans leurs caisses ; et il y a aujourd'hui, en France, en Angleterre, en Allemagne, aux États-Unis, et dans tous les pays plus ou moins, des hommes qui possèdent des trésors immenses qui ne leur servent qu'à des opérations de crédit qui consistent à augmenter sans cesse leur fortune en aggravant sans cesse la Dette des peuples. C'est une monstrueuse exploitation des pauvres et de la masse des travailleurs par une infime minorité de parasites qui thésaurisent et dont les trésors accumulés deviendront de plus en plus des menaces pour les gouvernements, car les milliards mettent la toute-puissance phys... dans les mains de ces « barons de la finance ».

A l'heure actuelle, toute la société moderne est basée sur l'argent, sur les institutions de Crédit, sur l'agiotage et sur le vol organisé : c'est une base qui n'est pas solide et qui croulera, si vous n'y prenez garde, en détruisant tout l'édifice. Le règne des Banques et des banquiers ne durera pas, si ces banques ne deviennent pas des institutions sociales, des propriétés de la collectivité populaire et si vous ne réduisez pas le rôle des banquiers à celui des fonctionnaires strictement limités dans leurs attributions.

Les lois devront donc réglementer l'emploi des capitaux, la gestion des capitaux par les banquiers et établir un contrôle sévère des grandes accumulations d'argent dans les caisses des banques. Un citoyen ne doit pas pouvoir devenir un danger pour les autres citoyens ; or, un homme qui dispose de milliards sera toujours un danger pour les hommes qui n'ont que la fortune modeste et limitée qui permet de vivre. Je répète, avec la plus grande énergie, que des milliardaires sont un péril de mort pour la République... Que dirait le peuple français d'un souverain qui prétendrait toucher une liste civile de 350 millions sur son budget de 4 milliards? Il a fait des révolutions pour bien moins que cela ; or, à l'heure actuelle, une seule famille de financiers juifs, qui ont ramassé leurs premiers millions dans une spéculation sur le désastre de Waterloo, touche en France, du budget de l'État, plus de 350 millions pour les coupons de Rentes françaises qu'elle possède, qu'elle cache et dissimule sous des noms d'emprunt dans les banques et sociétés de crédit qu'elle a créées. Elle règne sur la France et veut régner sur le monde, grâce aux milliards amassés et qui augmentent chaque année. Croyez-vous qu'il y ait rien de plus honteux, de plus infâme que le spectacle de cette pieuvre immonde qui suce, qui dévore toutes les économies, tout l'argent de ce peuple français, le plus laborieux, le plus industrieux, le plus riche de tous les peuples ?

On a fait jadis des lois somptuaires : elles deviendront inutiles dans l'avenir, lorsqu'on aura limité la fortune, réduit l'influence des riches à leur juste valeur. Mais il faut qu'on s'occupe dès maintenant de mettre un frein à la ploutocratie et d'obliger les milliardaires à rendre au grand public, à la masse, tous les milliards qu'ils ont en trop. Dans une vraie République, il doit y avoir des riches et des pauvres, c'est possible, c'est sûr, mais ces riches doivent être *moyennement riches* et les pauvres ne doivent être que *relativement pauvres* ; il doit y avoir de l'aisance et du bien-être pour tous. Ce n'est pas que je veuille passer un niveau ridiculement arbitraire sur toutes les fortunes ; mais je ne veux pas qu'il y ait des excès. Il faut que les richesses soient à la portée de tous, il faut *démocratiser* la fortune en permettant à l'épargne de posséder, il faut *surveiller et défendre* cette épargne contre les financiers voleurs qui sont légion, transformer les banques en des administrations contrôlées par l'État où les capitaux serviront à développer le commerce et l'industrie, ou bien encore seront employés à créer des œuvres utiles, des chemins de fer, des routes, des instruments de progrès et de civilisation sur tous les points du globe où il est besoin d'en installer. Avec l'argent bien dirigé, avec les capitaux de tous bien administrés par d'honnêtes fonctionnaires, on peut rendre à l'humanité de grands et inappréciables services. Mais je ne veux pas qu'on laisse la libre disposition de leurs milliards à des hommes qui peuvent être tentés de malfaire, qui, en tous cas, accaparent, grâce à ces milliards, toutes les industries, toutes les grandes affaires, toutes les sources de richesses et les tarissent à leur profit et au grand détriment de la collectivité humaine. Chaque jour, ils sont des créanciers plus riches ; chaque jour les peuples deviennent des débiteurs plus pauvres. Il faut mettre un terme à cet abus !

Le règne de l'Argent ne peut durer longtemps. L'accumulation de l'or et de l'argent dans des caisses finira un jour par ne plus rien signifier ; ces métaux précieux n'ont plus ni la rareté ni la valeur exceptionnelles qu'ils avaient jadis. Si on les a pris dans l'antiquité comme des étalons d'échange, si on en a ensuite fabriqué les monnaies, c'était à cause de leur rareté et de leurs qualités intrinsèques. *Mais la monnaie est tout simplement une valeur fiduciaire* et il dépend des gouvernements de la transformer à leur gré. Dans les instruments d'échange des produits de la terre par le commerce *tout est fictif* et, du moment que le Crédit est né, qu'il a été organisé et réglementé sur des bases solides, voyez comme cette fiction s'est affirmée. Le billet de banque n'est qu'un bout de chiffon, un papier à vignettes, et on le préfère partout à tous les métaux. Du jour, où l'État organisera le Crédit personnel de chaque citoyen dès le jour de sa naissance et instituera toute une série de services publics qui présideront aux échanges et à la rémunération du travail de chacun, il sera facile de rejeter l'or et l'argent dans la catégorie des métaux précieux dont la bijouterie et les Arts auront seuls l'emploi.

Le Crédit est une invention qui est loin d'avoir dit son dernier mot et qui finira par transformer la question sociale, lorsque les hommes d'État et les financiers (j'entends les techniciens et non les capitalistes) des deux mondes se mettront très sérieusement à l'œuvre pour faire du Crédit individuel et du Crédit collectif des nations une application méthodique et rationnelle.

Je ne suis pas un rêveur, mais j'ai toujours été un esprit voué aux mathématiques et ennemi de tout ce qui n'est pas pratique. Je ne chercherai donc pas à faire concurrence aux idéologues sans scrupules qui bâtissent des sociétés futures avec une naïveté enfantine et une absence absolue de sens commun.

Je ne suis pas non plus un révolutionnaire ; je crois à l'évolution lente et progressive de tout, au développement et au triomphe des idées. La *vérité économique*, elle existe, soyez en persuadé, elle triomphera des sophismes, des erreurs et surtout des intérêts particuliers qui sont toujours les ennemis jurés de l'intérêt général. Mais cette vérité économique, il faudra encore des années pour la faire apparaître aux yeux des hommes ; il faudra, en outre, pour qu'elle triomphe, qu'elle s'impose par la force morale et la force physique à tous les peuples à la fois, à toutes les nations des deux hémisphères. Elle servira alors à chasser de la surface de la terre l'Industrie et l'exploitation des hommes par d'autres hommes.

Croyez-vous, en effet, que l'industrie soit autre chose qu'une exploitation? que les traités de commerce imposés par des peuples producteurs et industriels à des peuples consommateurs et encore arriérés soient autre chose qu'une injustice politique et qu'une exploitation sans vergogne d'une race par une autre race?

Les gouvernements pourront-ils arriver un jour à monopoliser ou à organiser par l'État la fabrication de tous les produits? Pourront-ils de même en assurer la vente directe aux consommateurs par des grands magasins spéciaux? Pourquoi pas? Mais cela n'est pas encore possible et n'est même pas encore à souhaiter avant longtemps.

D'ici là il faut que les peuples fassent leur éducation civique et atteignent à une organisation sociale équitable et dictée par la Raison! Vous avez le temps d'attendre.

Pour le moment, il faut chercher le remède aux embarras économiques, la solution des questions économiques, dans une application très large de la liberté.

Pour les industries, surveillez-les, mais réglementez-les le moins possible dans un sens restrictif ; laissez l'initiative individuelle se livrer à toutes ses fantaisies, tant que les droits des ouvriers et leur juste salaire n'en souffrent pas.

Pour le commerce, que les gouvernements le laissent aussi libre de toutes entraves, tant que des capitalistes trop riches et trop avides ne chercheront pas à accaparer les produits et à monopoliser les affaires en étranglant les petits commerçants. Pour le commerce, comme pour l'industrie, le rôle d'un gouvernement soucieux de ses devoirs consistera à défendre les petits commerçants, les petits industriels contre les gros et contre les sociétés surtout, qui tendent à tout englober, à tout contrôler et dominer... et qui préparent, sans s'en douter, la voie au socialisme d'État ou, pour parler un langage que je préfère, *à la socialisation par les gouvernements de tous les organismes et de tous les services de la société.*

En attendant, par la liberté, par la lutte des intéressés entre eux, vous arriverez, sinon à supprimer les intermédiaires, du moins à laisser les intermédiaires réduire eux-mêmes leurs bénéfices au strict minimum... et vous verrez que, lancés dans cette voie, les Grands Magasins de détail finiront par supplier eux-mêmes le gouvernement de les racheter et de prendre leur lieu et place, car ils abuseront du Crédit et des affaires au point de se trouver réduits à des *krachs* qui exigeront l'intervention des autorités judiciaires et de l'État.

A l'heure actuelle, il faut chez vous, en France, donner l'exemple au monde entier et le devancer dans la voie des réformes. Il faut diviser et répartir à l'infini, entre tous les citoyens français, les richesses; il y a pour cela plusieurs moyens : les uns sont du ressort du Gouvernement, les autres des particuliers.

La République vient d'élever une statue à Proud'hon,

dans sa ville natale de Besançon : elle a proclamé les vertus et la glorification civique de cet écrivain, à la fois économiste et penseur, par l'organe du Président de la République et de ses ministres. Cette statue est une déclaration de guerre à la *thésaurisation* et au *capitalisme*. Proud'hon a écrit : *La propriété, c'est le vol ;* il a écrit aussi : *le commerce est le vol organisé.* Ces deux phrases sont la condamnation de la société actuelle : il est beau de voir que la République les glorifie et leur élève un monument. Oui, mais la République doit proclamer que, consciente de son devoir, elle va s'efforcer de convaincre les masses que ces deux affirmations de Proud'hon sont fausses comme toutes les généralisations. Elle doit crier bien haut que la propriété a été le vol, au temps de la féodalité, où la force primait le droit, où la terre appartenait à l'occupant s'il avait le pouvoir de la garder ; que le commerce a été, et est encore dans certains cas, le *vol organisé*, mais qu'il tend de plus en plus à devenir un échange ordonné des produits et que la République fera des lois pour éviter tous les abus.

Moi, je suis toujours partisan et défenseur acharné de la propriété, entendons-nous, de la propriété légitime qui est le fruit du travail, des économies, le résultat d'une vie de labeur honnête et probe. Je dis avec un des ministres socialistes de la République : *qu'il faut ruiner la portée du droit de propriété toutes les fois que cette propriété dépasse en étendue et en force sociale l'individu qui la détient. Au contraire, la propriété que fait fructifier son possesseur, celle qui sert à le nourrir et à abriter sa famille, celle-là est sacrée.*

Cette petite propriété, je voudrais que tous les Français la puissent posséder et qu'ils puissent tous en jouir. A chacun la poule au pot, disait Henri IV ; à chacun son lopin de terre et sa maison, à chacun sa part de fortune et de richesses.

Morcelez la propriété en obligeant les riches à vendre ce qu'ils ont de trop et en donnant aux pauvres du crédit pour acquérir ; répartissez la fortune en augmentant la circulation de l'argent ou plutôt de la monnaie. On dit en France que l'argent est fait pour rouler : eh bien ! mais faites-le rouler, dépensez, obligez les riches à dépenser tous leurs revenus. Les peuples qui ont la plus intense circulation du numéraire sont les plus riches et les plus heureux, parce que les affaires vont, parce que des uns aux autres, des consommateurs aux producteurs, l'argent court et passe de mains en mains, en procurant du travail et des satisfactions et du bien-être à tous.

Si les Français dépensaient la somme totale de leurs revenus et de leurs bénéfices, s'ils ne thésaurisaient pas sottement, vous seriez le peuple le plus heureux du monde, et l'activité industrielle, commerciale et financière de la France serait fantastique.

Mais pas de trop grandes fortunes, pas d'amas de capitaux, dans quelques mains. Cela, je vous le défends ! Je vous supplie d'empêcher le règne de la ploutocratie par toutes les lois possibles ; de l'aisance pour tous, mais de la puissance financière pour l'État seulement. Les milliardaires sont et seront toujours le plus grand danger pour les États, surtout pour les Démocraties.

En détruisant le règne des riches, le règne de l'Argent, vous moraliserez tout, car l'Argent est le plus grand démoralisateur, le plus infâme agent de corruption en même temps que le plus puissant.

Donc, je me résume : respectez, favorisez la petite propriété ; transformez les banques en administrations de l'État, les banquiers en fonctionnaires strictement contrôlés, versez dans le trésor commun les excédents de toutes les grandes fortunes au-dessus de deux millions de francs ; conservez et maintenez fortement le droit d'héritage, mais seulement pour les descendants au quatrième degré et jusqu'à concurrence de cent mille francs par héritier. Dans une société bien organisée où chacun travaille, où le numéraire circule avec intensité, nul n'a besoin de plus de cent mille francs. L'État héritera du surplus quand les héritiers feront défaut. Cela engagera les pères de famille riches à avoir beaucoup d'enfants pour voir leurs millions (deux au maximum) se répartir entre eux. Vous aurez résolu ainsi le problème de la natalité, qui n'est que la conséquence de l'égoïsme des riches et de l'application des conseils de Malthus.

Vous détruirez aussi de cette façon les hypocrisies sociales, qui sont la plaie de cette société corrompue. Défense absolue de donner des dots de plus de 50.000 francs aux filles, et cette défense sera d'autant plus observée que, l'héritage au-dessus de cent mille francs étant supprimé, la question de fortune deviendra secondaire. En outre, tout le monde étant obligé de travailler et ne pouvant plus vivre de ses rentes, l'aisance sera beaucoup plus répandue et les plus riches seront les plus actifs, les plus travailleurs, les plus intelligents.

Les mots ne m'effraient pas ; mais je ne vois pas la nécessité d'instituer l'union libre ; proclamez seulement la liberté du mariage ; donnez à cet acte les plus grandes facilités ; que les jeunes gens et les filles puissent se marier à leur gré et avec rapidité ; que la loi mette le moins d'entraves, le moins de formalités possibles à enregistrer cet acte. Et, quand au divorce, j'en suis partisan, donnez-lui aussi toutes les facilités possibles.

C'est une idiotie — une hypocrisie sociale — de croire que la Loi peut forcer un homme et une femme à s'aimer ou à se demeurer fidèles. Une fois la question d'argent écartée des actes matrimoniaux, le mariage sera bien plus sérieux, bien plus sacré que de nos jours… il gagnera en véritable amour et en dignité morale.

La seule loi qui compte dans le mariage, pour le rendre bon ou mauvais, c'est la loi de l'Amour ; et celle-là, c'est une loi de la Nature et de Dieu ; elle n'a rien de commun avec les lois humaines des gouvernements. Vous ne pouvez rien contre elle et vous ne pourrez jamais rien. Dans une société libre et instruite, éclairée moralement et digne du nom de civilisée, hommes et femmes sauront mieux que jamais se juger, s'apprécier et s'estimer réciproquement, lorsqu'ils auront toute liberté de le faire, sans tenir compte des questions avilissantes de fortune, sans obéir aux absurdes hypocrisies sociales : alors l'Amour seul régnera sur les âmes et les êtres humains se rechercheront et s'uniront, guidés par ce seul sentiment.

Il y aura autant de bons ménages que de vos jours, mon ami, il y en aura moins de mauvais, ou pour mieux dire, il n'y en aura pas de mauvais, car hommes et femmes chercheront et finiront par trouver des êtres dignes de leur amour.

Vous parlez des enfants, dont le sort sera laissé aux hasards des divorces. Mais je suis sûr que jamais des pères et mères, dignes de ce nom, n'abandonneront leurs enfants, surtout quand la facilité de la vie leur permettra de les élever. La loi devra attribuer les filles aux pères et les garçons aux mères, toutes les fois qu'il y aura discussion à ce sujet entre les époux divorcés ; au besoin, les grands parents pourront les prendre et les élever... et quels sont ceux qui refuseraient?

Il y aura des femmes indignes, des hommes vicieux, des aventuriers et des cocottes par tempérament : c'est fort probable, car la nature humaine est ainsi faite et vous ne la corrigerez pas avec des lois. Pour ces gens-là, mais l'État se chargera des enfants qu'ils abandonneront, s'ils divorcent ou s'ils ne les légitiment pas : l'État se substituera aux pères et mères dénaturés et ce sera, pour ceux qui n'écouteront pas ainsi la voix du sang, une peine infamante, inscrite dans leur casier judiciaire. Ils n'auront pas le droit de donner leurs noms à leurs enfants et l'État leur servira de père nourricier et leur fera un état-civil.

Je crois que bien peu de parents s'abaisseront à ce point ; mais, dans tous les cas, l'enfant élevé par l'État ne sera plus mis, comme de nos jours, aux enfants trouvés et à cette abominable Assistance Publique. Il faudra reformer cette institution. L'enfant abandonné devra être bien soigné, recevoir un beau nom, une instruction aussi développée que ses facultés le permettront, et l'incident de sa naissance lui servira de bonne note dans les concours pour les emplois publics.

Il ne faut pas que l'enfant supporte les conséquences des fautes de ses pères !

Déjà, j'ai inscrit dans le Code que l'enfant n'est pas responsable des dettes du père... et depuis un siècle on n'a fait qu'approuver cette loi de justice.

C'est au nom de cette loi que je vous déclare ici que le règne de l'Argent cessera, car vous avez assis tout votre système financier sur les rentes publiques, vous avez abusé des Dettes de l'État et vous avez fait des emprunts qui ont engagé l'avenir au delà des forces populaires. Or, de quel droit, pouvez-vous déclarer une Dette perpétuelle? Est-ce qu'il y a rien de perpétuel ou d'éternel ici bas? Non, et, en outre, pourquoi vous attribuez-vous le droit de disposer du produit du travail de vos descendants? De quel droit endettez-vous la postérité?

Oui, j'ai organisé la Dette de l'État, oui, j'ai recouru à l'emprunt ! C'est vrai, mais j'avais l'intention — que les événements ne m'ont pas permis de réaliser — de rembourser ou de faire rembourser annuellement une partie de ces Dettes. *Dès maintenant, soyez sûr que le principe de la Dette perpétuelle a vécu :* il ne pourra plus être fait que des Dettes remboursables et amortissables. Les peuples instruits ne supporteront pas de payer des sommes folles à l'usure des prêteurs. Songez que ceux qui ont acheté à *sept* francs, en septembre et octobre 1799, cent francs de rente française 5 % ont aujourd'hui un titre de rente 3 % qui vaut 98 francs et ont encaissé comme revenus et comme primes des conversions en 4 1/2, 4 %, 3 1/2 et 3 %, plus de 500 fr. La France a payé cinq cents francs pour sept francs et doit encore trois francs de rente annuelle, à ces usuriers de la finance !

Quel est le tribunal qui condamnerait un citoyen quelconque à payer cette somme à un Monsieur qui aurait prêté de l'argent à son aïeul? Quel est le Français qui consentirait à payer un intérêt pour les dettes de son aïeul? Il crierait à la prescription et surtout à son irresponsabilité.

Il faut en finir avec la Dette publique et surtout avec les Dettes perpétuelles : amortissez-les et transformez-les, sinon les peuples, plus simplistes et plus catégoriques, les supprimeront purement en les effaçant d'un trait de plume... Et ce sera bien fait, car l'avenir ne peut payer les sottises du passé ou du présent, car vous n'avez pas le droit de le vouer au malheur et à la servitude pour augmenter les milliards de quelques individus.

Vous avez prêté, en 1892, plus de 12 milliards à la Russie pour convertir sa dette ; rien qu'en lui prêtant depuis lors de quoi *vous payer à vous-même les revenus de votre argent*, en lui avançant de quoi payer sa malheureuse guerre contre le Japon, vous êtes arrivé en 1910 à avoir prêté à la Russie la somme formidable de 25 milliards. Est-ce que vous croyez que la France est bien riche de ces 25 milliards? Est-ce que vous croyez que les Russes les rembourseront? Ils les ont pris, ils ne les rendront jamais et les descendants de la génération actuelle refuseront de payer les dettes de leurs pères... Ce sera une grande punition pour vos capitalistes imprudents, une grande honte pour les gouvernements français qui ont laissé exploiter ainsi l'épargne française !

Mais laissons cela !... *J'ai parlé du concours pour les fonctions publiques ;* je vais vous expliquer ma pensée. Il faut en finir avec le favoritisme et le népotisme qui règnent dans vos ministères et vos administrations publiques. En vérité, sous ce rapport votre troisième République est pire que les régimes précédents. Moi, du moins, comme Empereur, je savais choisir les hommes et je m'occupais de la nomination de tous les fonctionnaires. Maintenant les bureaux sont souverains et les fonctionnaires le sont de père en fils et se réservent les meilleures places. Du talent, du savoir, de l'intégrité, nul ne se préoccupe !

En voilà assez ! La parenté ne signifiera plus rien et les recommandations seront des mauvaises notes.

Dans la Société de l'avenir, liberté, travail, justice

pour tous ! Égale protection, égale sujétion ! La seule hiérarchie sera celle de l'intelligence et du talent ! Les carrières de l'État seront ouvertes à tous, elles seront l'objet de concours et d'examens que feront passer des membres des Universités et non des fonctionnaires des ministères. Il faudra veiller à la sincérité de ces concours, à leur utilité pratique, aux exigences des fonctions qui seront recherchées ; pour cela, je crois qu'on peut compter sur le devoir, le zèle, la probité désintéressée des chefs de l'Université et de l'Enseignement public. C'est à eux qu'il appartiendra d'éviter de tomber dans la faute lourde de créer un mandarinat de lettrés corrompus et émasculés comme en Chine ; ce qu'il nous faut, c'est une élite d'hommes sages, sensés, instruits de leurs devoirs professionnels et d'esprit pratique.

La question de fortune et de rang social sera sans intérêt ; seuls s'élèveront aux plus grands emplois, aux honneurs, les plus instruits, les plus capables, les plus dignes en un mot. On peut dire que tous les citoyens seront susceptibles de s'élever aux fonctions publiques, car tous auront reçu *gratuitement* l'instruction secondaire et primaire et poursuivi leurs études, s'ils en ont manifesté le désir ou prouvé des aptitudes. A ceux-là on ouvrira les écoles et les universités gratuitement aussi.

Enfin, l'armée doit être une succursale de l'École, une École du devoir envers la patrie. L'armée, où tout le monde passera rapidement, aura pour mission de donner à l'Europe et aux nations civilisées la force physique nécessaire pour faire respecter leur civilisation et leurs lois dans tout l'univers. La paix éternelle est une chimère et est contraire aux lois de la Nature : la guerre ne se fera plus de peuple civilisé à peuple civilisé, mais elle sera toujours à craindre de races à races, *tant que les idées n'auront pas triomphé sur toute la terre*. Or, il n'y a pas de meilleur moyen d'éviter la guerre que d'être prêts à la faire et d'être forts pour être sûrs de vaincre, s'il le faut !

L'empereur s'arrêta une seconde fois, puis se tourna vers moi tout d'une pièce et, me regardant fixement, me dit d'une voix lente et grave :

Voilà ce que je voulais vous dire, mon enfant ! Je l'ai fait avec une grande rapidité, mais, je le pense, avec clarté. Répétez-le à vos concitoyens, à nos concitoyens plutôt, car c'est la France que j'aime qui m'inspire encore ces dernières pensées. Français ! être Français ! je voudrais que ce fût à jamais un titre de gloire aux yeux du monde entier, aux yeux de la postérité, non seulement à cause de ce passé sublime, de cette histoire incomparable qui brilleront éternellement sur l'Humanité, mais encore à cause des grandes idées que la France a semées et semera toujours sur la surface du globe pour rendre la vie plus belle, plus facile, plus heureuse aux humains ! Que la France soit toujours la première à guider les races humaines dans la voie du Progrès et de la Civilisation, qu'elle leur enseigne les grandes vérités religieuse, philosophique, politique qui doivent régir la Société future. O France, qui as décrété les *droits de l'Homme* et proclamé l'avènement de la Liberté, reste toujours le flambeau du monde et que les races humaines inscrivent plus tard ton nom sacré en tête des *nations bienfaitrices de l'Humanité !*

Je ne connais pas l'avenir, mon ami ; nul ne le connaît, ni dans ce monde terrestre où vous êtes ni dans le monde des âmes où je suis. Que sera-t-il ? Je viens d'y méditer devant vous pendant de longs instants : j'ai foi dans la sagesse des humains et les lumières de la science ; je crois que la société future évoluera vers le bonheur, la paix et la liberté universelles ; un jour viendra où la fraternité humaine ne sera plus un vain mot ni en Europe, ni en Amérique, ni en Asie, ni en Afrique. Ce jour-là, la fusion universelle des peuples et des races s'accomplira... et que sortira-t-il de ces mélanges de tous les humains de la Terre? Qui sait quelles conceptions nouvelles, quelles inventions merveilleuses, quelles innovations heureuses apporteront à l'Humanité ces esprits si divers remis dans le miraculeux creuset de la nature, quelles formes de civilisation supérieure et quasi-divine enfanteront ces mariages des génies différents des races humaines?

Je reste ébloui et fasciné par le problème de l'avenir, du *devenir* de cette race humaine qui rampe et qui court et qui vole même sur cette boule de matières ronde et lourde, qu'on appelle la Terre et qui gravite dans les immensités selon des orbes immenses et immuables ! Qu'est-ce que l'homme? Un peu de poussière et d'eau, un peu de terre qui souffre et qui vit... une molécule, mais une molécule qui pense ! Qui pense, entendez-vous bien, et c'est là ce qui constitue le plus troublant mystère de notre vie et ce qui est la plus éclatante preuve de la toute puissance de Dieu, du Créateur qui nous a créés !

Mes derniers mots seront pour le bénir encore de m'avoir frappé et de m'avoir brisé ; en face de Dieu et de la majesté de ses desseins, qu'est-ce qu'un homme? qu'est-ce qu'un Napoléon? J'ai vécu parce qu'il me l'a permis, j'ai étonné le monde parce qu'il l'a voulu. Quand mon heure est arrivée, je suis rentré dans l'ombre d'où j'étais sorti. Mes plans, mes projets, mes rêves, je ne devais pas les réaliser. Si Dieu veut, la postérité les réalisera... et certes avec plus d'ampleur encore, plus de perfection que moi-même ! A tout couler dans un même moule administratif et politique comme le mien à cette époque, le monde eût peut-être perdu en originalité et en puissance créatrice ce qu'il eût gagné en homogénéité et en force... D'ailleurs, je reconnais mes erreurs, mes fautes, mon inexpérience ; je suis bien petit en face de Dieu. Que sa Volonté soit faite et qu'il soit béni dans les siècles des siècles !

. . . .

Lentement, et par degrés, l'aube envahissait la pièce de ses rayons blancs et laiteux ; une lumière de plus en plus vive filtrait au travers des vitraux de couleur et sertis de plomb des fenêtres. Dans la clarté du jour naissant, l'Empereur avait paru d'abord resplendissant de sa gloire et son image s'était détachée avec intensité sur ce qui l'entourait ; puis il me sembla le voir s'élever au-dessus du sol, planer dans l'air comme un fantôme léger et, enfin, peu à peu, son image se prit à pâlir, à s'effacer, à se fondre dans les rais lumineux qui inondaient la salle du palais des Tzars.

Sa figure, seule, resta une seconde encore visible pour moi, puis elle s'évanouit soudain... comme une vision fantastique, comme un mirage !

. . . .

Le grand jour m'a tiré de ce long cauchemar : je me retrouve, à mon profond étonnement, dans mon lit, dans ma chambre d'hôtel que je n'ai jamais quittée. Le grand jour, réverbéré par la neige, entre par la fenêtre, aux rideaux tout ouverts, et frappe avec tant d'éclat mes regards qu'il m'oblige à refermer les paupières !

J'ai donc rêvé... Tout cela n'était donc qu'une hallucination de mon esprit ?

Soit ! mais qu'importe ? *Il est des choses qui sont parce qu'elles doivent être et nul ne peut jamais les expliquer.*

Et les paroles de Napoléon, je les entends encore vibrer à mes oreilles, je les écris, pour ainsi dire, sous sa dictée...

Tout cela ne serait-il qu'un rêve ? Que le songe d'une nuit d'h'ver ? Je puis à peine le croire.

Dans tous les cas, je dirai avec le poète :
Songe aujourd'hui... demain Réalité !

FINIS

TABLE DES MATIÈRES

	Pages
Dédicace	5
Avant-propos	6

PREMIÈRE PARTIE
Visions de Russie

Chapitre premier. — *Moscou.*

Effet de neige — La ville chinoise. — Trois villes concentriques. — Souvenirs du passé à côté du confort moderne. — Une enceinte deux fois plus grande que celle de Paris. — Capitale historique et Métropole religieuse. — Moscou est bâtie sur sept collines... comme Rome .... 1 à 14

Chapitre II. — *La Mégalomanie.*

« L'ample nature » des Russes. — L'Art est ce qui manque le plus. — Discussion avec un « Izvochtchik ». — Pas de tarif pour les traîneaux ou voitures. — La Douma ou Hôtel de Ville. — La chapelle d'Iversky. — Dévotion des Moscovites pour la vierge d'Ibérie .... 15 à 21

Chapitre III. — *Le Kremlin.*

La place Rouge. — La cathédrale de Saint-Vasili. — Premières impressions. — La porte Spassky. — Manque de proportions. — Une coutume qui date de 1685. — L'entrée du Kremlin. — Le monument d'Alexandre II, le Tzar libérateur... 22 à 27

TABLE DES MATIÈRES

Pages

Chapitre IV. — *Le Vatican des Russes.*

La cloche de bronze. — La tour d'Ivan Véliky. — La cathédrale de l'Assomption. — La cathédrale des Archanges. — L'antique sanctuaire du Sauveur dans la forêt. — Un Iconostase qui semble le seuil d'un Mirhab.................... 28 à 32

Chapitre V. — *L'âme russe.*

Une opinion de Dostoïevsky. — Mysticisme et bonté. — Panorama de Moscou en été et en hiver. — Le pays des contrastes. — La Russie est une force de la nature .... 33 à 40

Chapitre VI. — *Les temps héroïques.*

Une vision magique. — La grande ombre de Napoléon. — Du Métropolite Pierre à Ivan le Terrible. — Sur l'Escalier Rouge. — Triomphes et massacres. — La cathédrale de Saint-Vasili. — Le faux Dimitry et ses résurrections.................... 41 à 51

Chapitre VII. — *Le palais d'Or et le Térem.*

La place de l'Empereur. — Le palais des Armures. — La Chambre d'Or. — Le palais à facettes. — L'escalier du Térem. — La salle du trône du Tzar Alexis .... 52 à 59

Chapitre VIII. — *Le souvenir de Napoléon.*

La chambre où dormit l'empereur d'Occident. — L'ivresse de la conquête et les horreurs de la réalité. — Les angoisses du grand Capitaine. — L'incendie du 16 septembre 1812. — Les bonnets à poils des grenadiers russes.................... 60 à 66

DEUXIÈME PARTIE
Le génie des temps modernes

Chapitre IX. — *Portrait de Napoléon.*

Adoré par les uns. — Vilipendé par les autres. — Méconnu par la plupart. — Ce que dit Mme de Rémusat. — Napoléon avait autant de cœur que de génie .... 69 à 75

TABLE DES MATIÈRES

Pages

Chapitre X. — *Napoléon et Chateaubriand.*
Deux grands génies contemporains... et ennemis. — Bonaparte et les Bourbons en 1814. — Washington et Bonaparte en 1827. — Il est de la race des Alexandre et des César qui dépassent la stature humaine .... 76 à 83

Chapitre XI. — *Le fils de la Révolution.*
Bonaparte et Cromwell. — Sa vie appartient à l'Histoire, sa mort à la Poésie. — Il n'y a de plus grand que lui que la Liberté.............. 84 à 89

Chapitre XII. — *Bonaparte et la fatalité.*
Le Destin est immuable. — Victor Hugo et Waterloo. — Une leçon d'A. Thiers. — Napoléon fut un génie universel. — Nul n'a connu tous ses rêves. — L'Histoire lui a rendu justice, l'avenir lui donnera raison .... 90 à 97

TROISIÈME PARTIE

Le songe d'une nuit d'hiver

Chapitre XIII. — *L'ombre du grand Empereur.*
Brusque réveil. — A travers Moscou en flammes. — Le Kremlin me sert de refuge. — Silence et solitude. — La chaleur du poêle aux faïences persanes. — Napoléon se dresse dans son fauteuil. — Tout ce que j'ai fait, dit l'Empereur, je l'ai fait pour la France........................ 101 à 110

Chapitre XIV. — *Le calvaire de Napoléon.*
Douleur et désespoir. — La confession de Bonaparte. — Jouet de la Destinée. — Fils de la Révolution, j'étais obligé d'exercer la Dictature. — J'ai manqué d'expérience politique. — J'ai voulu aller trop vite. — Voilà mes grandes fautes !.. 111 à 117

Chapitre XV. — *La campagne de Russie.*
Il me fallait la Russie pour moi, alliée ou subjuguée. — On me détestait en Russie autant que les

Pages

idées de 1789. — Je voulais la paix universelle. — — La marche sur Moscou eût été un triomphe un an plus tard. — Je voulais former une grande Allemagne. — Tout cela, c'est de l'Histoire. — Koutousoff n'a été qu'un temporisateur... qui a eu de la chance !........................... 118 à 124

CHAPITRE XVI. — *Napoléon au Kremlin.*

La prise de Moscou fut cause de ma perte. — Le cauchemar de la chute. — Le violon qui se détraque — L'excellent conseil de Daru. — Il aurait fallu me décider avant le 30 septembre. — J'ai hésité jusqu'au 19 octobre. — J'étais victime d'une illusion... et de la Fatalité. — Ce qu'il m'eût fallu faire !........................... 125 à 131

CHAPITRE XVII. — *Les grands desseins de l'Empereur.*

Mon insuccès m'a tué. — Je voulais ressusciter l'Empire d'Occident. — Je voulais dominer le monde. — Je travaillais pour la France, non pour moi. — Je ne pouvais pas attendre. — Immensité des desseins de Napoléon. — Hivernage à Constantinople. — J'aurais remanié la carte du monde. — Un conseil des États. — La Raison souveraine du monde .... 132 à 139

CHAPITRE XVIII. — *La domination universelle.*

C'est le secret de la paix romaine. — Rester stationnaire, c'est se condamner à disparaître. — Je ne suis pas content de la France. — Il faut la réveiller de sa torpeur. — Je ne veux pas qu'on la trompe. — Ce qui doit être, ce qui peut être, cela seul sera. — Je déteste les idéologues, je vénère la philosophie. — J'aurais voulu avoir Chateaubriand à mes côtés..................... 140 à 147

CHAPITRE XIX. — *Le progrès de l'Humanité.*

Les idées aident le progrès, mais la force y contribue aussi. — Napoléon fut chrétien sincère. — La vérité et la raison, bases de la Société. — Les trois vérités de Chateaubriand. — Établissons l'unité chrétienne. — Il faut aux peuples une morale et une religion.................. 148 à 160

Pages

Chapitre XX. — *Le règne de la Raison.*

Vérité philosophique et vérité religieuse ne font qu'une. — La vérité politique c'est l'ordre et la liberté. — Je n'ai jamais rêvé une dictature héréditaire. — Une discipline sociale. — Le principe du pouvoir. — La Constitution de l'an VIII. — Instruction publique, enseignement moral et philosophique. — Tous les hommes sont solidaires. — Le devoir social. — Le droit au travail et le droit à l'assistance.................................161 à 167

Chapitre XXI. — *L'union universelle des peuples.*

Deux hypothèses. — L'Histoire recommencera-t-elle? — Triomphe de la vérité politique. — Race jaune et race blanche. — La Civilisation. — Que la France marche en tête du Progrès et soit le phare de l'avenir. — L'union est la première loi du Progrès. — L'impossible n'est pas humain. — La force morale ne peut supprimer la force physique. — Il faudra toujours des gendarmes, des armées et des flottes... et de bonnes finances !..... 168 à 176

Chapitre XXII. — *Le rêve réalisable.*

Il faut refondre une nouvelle Europe. — Les neuf dixièmes des hommes ne sont pas méchants, mais bêtes. — Le devoir des classes dirigeantes. — Les pilotes de l'humanité. — La conscience des droits et des devoirs sociaux. — Le niveau intellectuel des peuples est très inégal. — La France ne peut plus être la seule maîtresse des destinées du monde.................................... 177 à 182

Chapitre XXIII. — *La solidarité des peuples.*

Nul ne peut vivre isolé. — Politique des alliances. — Fédération des peuples. — L'Europe a tort d'aller à la dérive. — La France clé de voûte de l'Europe. — L'Allemagne et la France doivent s'unir. — L'Angleterre et la Russie représentent l'esprit de lucre et de conquête. — Refaites l'Empire de Charlemagne par l'union intime des races germanique et latine. — Je ne conseille ni lâcheté ni humiliation. — Je parle à la France le langage de son meilleur ami, celui de la Vérité et de la Raison .... 183 à 193

Pages

Chapitre XXIV. — *Les derniers conseils de l'Empereur.*

Un halo lumineux. — Il faut travailler à améliorer le sort des humains. — Ubi bene ubi patria. — Pas de généralisations. — Renversez le Veau d'Or. — Ni riches, ni pauvres, aisance pour tous. — La Vérité économique. — Faites circuler le numéraire. — Divisez la fortune et morcelez la propriété. — Les milliardaires sont les pires ennemis de la démocratie. — Le mariage libre. — Immoralité de la Dette perpétuelle. — Concours et examens pour les fonctions publiques. — Derniers mots de Napoléon. — La fusion universelle des races. — Songe aujourd'hui, demain Réalité............ 194 à 216

Angers, imp. G. Grassin. — 1-11.

EN VENTE A LA MÊME LIBRAIRIE

Lélio, poème en 2 actes et en vers, édition de luxe (3ᵉ mille). … 3 fr. »
L'Amour de Marguerite, roman contemporain (huitième édition) … *Épuisé.*
Deux mois en Andalousie et à Madrid, édition de luxe avec gravures hors texte. … 7 fr. 50
L'Histoire du Mexique, ouvrage précédé d'une lettre et du portrait de S. Exc. le Président de la République du Mexique (3ᵉ mille). … 3 fr. 50
Le Mexique, avec préface de Ignacio Altamirano et une carte du Mexique 4ᵉ mille. … 3 fr. »
Guillaume II à Londres et l'Union Franco-Russe (sixième édition) … 3 fr. 50
La Question sociale et l'Opinion du Pays, enquête du *Figaro* (quatrième édition). … 2 fr. 50
Les Droits de la France sur Madagascar, un fort volume in-18, broché (huitième édition). … 3 fr. 50
Nos bons Maîtres-Chanteurs, comédie en 3 actes et en vers (huitième édition). … 2 fr. »
L'Espagne en 1891, un fort volume in-18, broché, avec 7 gravures hors texte et 9 tableaux statistiques (neuvième édition) … 2 fr. 50
Le marquis de Tournoël, roman contemporain, un volume in-18 (seizième édition). … 3 fr. 50
Grandeur et Décadence des Français, un fort volume in-18 de 340 pages (seizième édition). … 3 fr. 50
L'Industrie et le Commerce de l'Espagne, in-8 avec 8 tableaux statistiques hors texte. … 5 fr. »
Le Droit d'Aimer, comédie en 3 actes, en prose, précédée d'une lettre de M. CLARETIE, Administrateur de la *Comédie Française*; un volume in-18 (cinquième édition) … 2 fr. »
Le Congrès Hispano-Américain de Madrid, ses travaux et ses résultats, un volume in-8 de 80 pages … 3 fr.
Un point d'Histoire contemporaine. Le Voyage de l'Impératrice Frédéric à Paris en 1891. Notes et Documents. — Deux entrevues avec Liebknecht — Une visite à Bismarck — Un fort volume in-18 de 302 pages. … 3 fr. 50
Le Congrès de la Paix à Monaco, in-8. … *Épuisé.*
Le Couronnement d'Alphonse XIII, roi d'Espagne. Un volume in-8 jésus *(édition de luxe)* avec 100 gravures … 7 fr. 50
Légendes de Mort et d'Amour Souvenirs d'Aragon — Légendes d'Andalousie — Croquis Madrilènes. Un fort volume de 340 pages, in-18 (douzième édition) … *Épuisé.*
La Question Macédonienne, un fort volume in-18 de 402 pages (sixième édition) … 3 fr. 50
La Macédoine et les Puissances, un volume in-18 de 340 pages. *Épuisé.*
Le Roman de l'Espagne héroïque, un volume in-18 … 3 fr. »
1859-1909, préface de M. Gustave Rivet, sénateur, un volume in-18 de 324 pages. … 1 fr. 50
Le Capitaine Saint-Méry (1869-1870). *Roman documentaire*, un volume in-18 de 336 pages. … 1 fr. 50

Envoi Franco contre Remboursement ou Mandat-Poste

Published the 15 January 1911. Privilege of Copyright in the United States reserved under the Act approved March 3 1905

www.ingramcontent.com/pod-product-compliance
Lightning Source LLC
Chambersburg PA
CBHW051907160426
43198CB00012B/1793